“十二五”国家重点图书出版规划项目
北京市社会科学理论著作出版基金重点资助项目

GZC 高校主题出版
GAOXIAO ZHUTI CHUBAN

／总主编　韩　震／

社会主义核心价值观·关键词

爱　国

U1020356

董立河　编著

中国人民大学出版社
·北京·

引　言

当前，实现中华民族伟大复兴的中国梦已经成为中国走向未来的鲜明指引，成为激励中华儿女团结奋进、开辟未来的一面旗帜，成为回荡在13亿人心中的高昂旋律。伟大的事业需要伟大的精神，伟大的精神推动伟大的事业。没有人民精神世界的极大丰富，没有全民族精神力量的凝聚发挥，没有全社会共同的理想目标和精神追求，国家的富强、民族的振兴和人民的幸福不可能实现。实现民族复兴的梦想，需要强大的精神动力。习近平同志在十二届全国人大一次会议上指出：实现中国梦必须弘扬中国精神。这就是以爱国主义为核心的民族精神，以改革创新为核心的时代精神。这种精神是凝心聚力的兴国之魂、强国之魄。爱国主义始终是把中华民族坚强团结在一起的精神力量，改革创新始终是鞭策我们在改革开放中与时俱进的精神力量。全国各族人民一定要弘扬伟大的民族精神和时代精神，不断增强团结一心的精神纽带、自强不息的精神动力，永远朝气蓬勃迈向未来。

爱国主义是中华民族精神的核心，是中华民族生生不息、薪火相传的精神血脉。千百年来，中华民族之所以能够历经磨难而不衰，饱尝艰辛而不屈，就是由于爱国传统已深深融入我们的民族意识中。改革创新也同样体现了爱国主义精神。历久弥新的爱国主义和富于时代特色的改革创新如同两只隐形的翅膀，它们将助推中华民族飞向伟大复兴的崇高梦想。

目 录

第一章

古今中外说爱国

爱国是一个崇高而神圣的字眼，是世界各国永恒的主题，是文明社会不变的价值追求。俄罗斯每五年就要专门颁布《爱国主义教育国家纲要》，引导人们坚定热爱祖国、建设国家的决心和信心。新加坡的中小学每天早晨都要进行全校朝礼，通过升国旗、唱国歌、齐声朗诵爱国誓文等活动，对学生进行爱国主义教育。韩国国歌里有这样一段歌词：用我们的意志和精神，热爱我们亲爱的祖国，把身心和忠诚献给她，不管面对的是痛苦还是欢乐。在美国国家庆典时，人人背诵“我爱这个国家，保卫这个国家”的誓词，肯尼迪的“不要问你的国家能为你做些什么，而要问你能为国家做些什么”是美国人崇尚的名言。可以说，世界上没有哪个国家不提倡爱国理念。

名言隽语

爱国之心活生生地存在于世界大多数地方。不论精英人士是多么不喜欢，大多数国家中的大多数人都是爱国的，强烈认同于自己的国家。

——萨缪尔·亨廷顿

萨缪尔·亨廷顿，美国当代政治学家，因主张“文明冲突论”而闻名于世

什么是爱国？这是一个看似简单但实际上相当复杂的问题。不同的人从不同的角度出发甚至在不同的情况下都会有不同的看法和

回答。简单说来，爱国是对自己祖国的热爱和忠诚。那么什么是“祖国”呢？为了回答这个问题，我们有必要首先弄清楚中国文化中“国”、“家”、“国家”和“祖国”几个概念的含义。在中国古代文献中，“国”（繁体为“國”字）是由甲骨文“或”字演变而来的。在古代，“或”即称“国”，到了西周，“或”字外面加“囗”而成“國”。许慎在《说文解字》中指出，“國”“从口从或”，而“囗”作为象形字即为围绕周边之意，是有边界的生活区域，所以“国”的原始意思是指特定的公共生活区域。中国古代，诸侯称“国”，是天子封给诸侯的有一定界限的疆域，大夫称“家”，是诸侯再分封给卿大夫的疆土。“国”、“家”相连见于《孟子·离娄上》：“人有恒言，皆曰天下国家。天下之本在国，国之本在家。”一般来说，“国家”包含土地、人民、主权三个根本要素。这也是古代中国人对“国家”内涵的理解。在繁体字“國”中，小“口”代表居民，“一”代表土地，“戈”代表武力，大“囗”代表疆域。“祖”的含义为“始庙”。《说文解字》中说：“祖，始庙也。”因此，在中国文化中，“祖国”的最初含义是“祖先的国家”，也就是列祖列宗一直生存繁衍的地方。在西方文化中，“祖国”也有类似的含义，“fatherland”或“motherland”（祖国）的意思是“父母之邦”，是祖祖辈辈生活的地方。进一步引申，“祖国”还应该包含“民族”，即有着共同地域、语言、经济生活、文化传统和心理素质的稳定群体。

用现代语言来说，“祖国”包含自然、社会和国家三个层面。自然层面指的是“国土”，就是特定界限（国界）内的土地、海洋、山川、湖泊等自然风貌和森林、矿藏、物产等自然资源；社会层面包括人们所说的“同胞”或“民族”，即有共同血脉和社会联系的人民，还包括“文化”，即共同享有的语言、习俗、礼仪和心理等；“国家”层面指的是为维护社会秩序、主权和安全而建立起来的政治机构。总之，“祖国”是一个集自然、政治、经济、民族、文化于一体的综合概念。那么，具体说来，爱国就是一个人对自己祖国的民族同胞、山川风物、历史文化和政治制度的热爱，它集中表现为威严的民族自尊心、豪迈的民族自信心和民族自豪感。

延伸阅读

可爱的中国（节选）

方志敏

中国是生育我们的母亲。你们觉得这位母亲可爱吗？我想你们是和我一样的见解，都觉得这位母亲是蛮可爱蛮可爱的。以言气候，中国处于温带，不十分热，也不十分冷，好像我们母亲的体温，不高不低，最适宜于孩儿们的偎依。以言国土，中国土地广大，纵横万数千里，好像我们的母亲是一个身体魁大、胸宽背阔的妇人，不像日本姑娘那样苗条瘦小。中国许多有名的崇山大岭，长江巨河，以及大小湖泊，岂不象征着我们母亲丰满坚实的肥肤上之健美的肉纹和肉窝？中国土地的生产力是无限的；地底蕴藏着未开发的宝藏也是无限的；废置而未曾利用起来的天然力，更是无限的，这又岂不象征着我们的母亲，保有着无穷的乳汁，无

方志敏

穷的力量，以养育她四万万的孩儿？我想世界上再没有比她养得更多的孩子的母亲吧。至于说到中国天然风景的美丽，我可以说，不但是雄巍的峨眉，妩媚的西湖，幽雅的雁荡，与夫“秀丽甲天下”的桂林山水，可以傲睨一世，令人称羡；其实中国是无地不美，到处皆景，自城市以至乡村，一山一水，一丘一壑，只要稍加修饰和培植，都可以成流连难舍的胜景；这好像我们的母亲，她是一个天姿玉质的美人，她的身体的每一部分，都有令人爱慕之美。中国海岸线之长而且弯曲，照现代艺术家说来，这象征我们母亲富有曲线美吧。

…………

不错，目前的中国，固然是江山破碎，国蔽民穷，但谁能断言，中国没有一个光明的前途呢？不，决不会的，我们相信，中国一定有个可赞美的光明前途。中国民族在很早以前，就造起了一座万里长城和开凿了几千里的运河，这就证明中国民族伟大无比的创造力！中国在战斗之中一旦斩去了帝国主义的锁链，肃清自己阵线内的汉奸卖国贼，得到了自由与解放，这种创造力，将会无限地发挥出来。到那时，中国的面貌将会被我们改造一新。所有贫穷和灾荒，混乱和仇杀，饥饿和寒冷，疾病和瘟疫，迷信和愚昧，以及那慢性的杀灭中国民族的鸦片毒物，这些等等都是帝国主义带给我们可憎的赠品，将来也要随着帝国主义的赶走而离去中国了。朋友，我相信，到那时，到处都是活跃跃的创造，到处都是日新月异的进步，欢歌将代替了悲叹，笑脸将代替了哭脸，富裕将代替了贫穷，康健将代替了疾苦，智慧将代替了愚昧，友爱将代替了仇杀，生之快乐将代替了死之悲哀，明媚的花园将代替了凄凉的荒地！这时，我们民族就可以无愧色地立在人类的面前，而生育我们的母亲，也会最美丽地装饰起来，与世界上各位母亲平等地携手了。

> 这么光荣的一天，决不在辽远的将来，而在很近的将来，我们可以这样相信的，朋友！

爱国是一种崇高的情感。正如列宁所说：“爱国主义是由于千百年来各自的祖国彼此隔离而形成的一种极其深厚的感情。”爱国之情并不抽象，它就体现在我们每个人的朴素情感中。古罗马政治家西塞罗认为，对祖国的爱包含了人类几乎所有的温情，特别是对父母、子女和朋友的亲情或友情。他说：“祖国是人民的共同父母。”从上述“祖国”这个词的词源上也不难看出，无论是在中国还是在西方，人们通常把爱国之情和骨肉之情、念祖之情联系起来。古往今来，许多爱国主义者都把骨肉亲情转化为了对祖国的热爱之情。黄花岗七十二烈士之一的林觉民在绝命书上写到，自己是因为爱妻儿爱父母，才慷慨为国捐躯。在大多数中国人的心目中，祖国即母

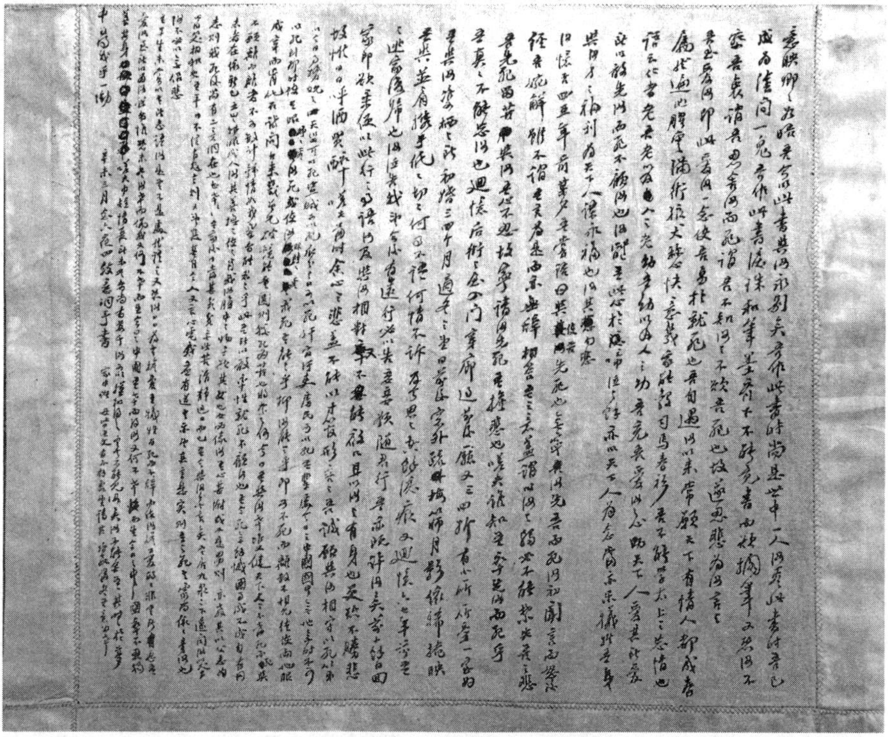

林觉民《与妻书》手稿

亲，母亲同祖国。正如方志敏烈士所说："我爱生命，我爱母亲，但我更爱可爱的中国"。爱国之情溢于言表，震撼人心。此外，许多流行歌曲都表达了这种"爱国如家"的骨肉情感，体现了骨肉亲情与爱国主义的高度统一，引起了人们的强烈共鸣。

延伸阅读

一玉口中国，一瓦顶成家。都说国很大，其实一个家。一心装满国，一手撑起家。家是最小国，国是千万家。在世界的国，在天地的家。有了强的国，才有富的家。国的家住在心里，家的国以和矗立。国是荣誉的毅力，家是幸福的洋溢。国的每一寸土地，家的每一个足迹。国与家连在一起，创造地球的奇迹。……国是我的国，家是我的家。我爱我的国，我爱我的家。我爱我国家。

——《国家》歌词

祖国你好，祖国你好，你的儿女都在为你祈祷，愿你家家快乐人人幸福，甜蜜蜜的好日子欢欢笑笑。

——《祖国你好》歌词

谁不爱自己的母亲，用那滚烫的赤子心灵……亲爱的祖国，慈祥的母亲，长江黄河欢腾着……我们对您的深情……蓝天大海储满着……我们对您的忠诚。

——《祖国，慈祥的母亲》歌词

名言集语

我是中国人民的儿子，我深情地爱着我的祖国和人民。

——邓小平

我爱我的祖国，爱我的人民，离开了她，离开了他们，我就无法生存。

——巴金

人们也常常把对祖国的热爱同对故土和同乡的情感联系起来。在英语中，“祖国”也被称作“homeland”（故乡）。“爱国者”（patriot）就是“同胞”（compatriot）。故土是每个人生于斯长于斯的地方，也是每个人终生梦牵魂绕的地方，它是每个人生命的起点，有时甚至是生命的终点。恋土思乡的质朴情感是世界各民族爱国主义共同的情感基础。但对于中华民族而言，这种恋土思乡的情感更为深厚和强烈，成为我们民族颇具特色的生命情结。在中国古代历史上，汉代有“日暮途且远，游子思故乡”的缠绵，唐代有“举头望明月，低头思故乡”的萦怀，清代有“鸟近黄昏皆绕树，人当岁暮定思乡”的悱恻。这些诗篇所表达的不仅仅是对亲人的思念之情，而且也是对故土的感激之情。诗人艾青的诗句“为什么我的眼里常含泪水？因为我对这土地爱得深沉……”则道出了很多海内外中华儿女的心声。正如现代著名宗教思想家马丁·布伯对中国的评价：“世界上没有任何其他的公民能够给人以如此绝对纯真而又如此依附于土地的印象！在这里，在这块世代相传的土地上，发生着生的全部与死的全部。人属于土地，而不是土地属于人。”的确，中华民族是一个极为“恋家”的民族。中国老百姓“叶落归根”的归宿意识、海外华侨寻根问祖的“本根意识”，都是中华民族这种深厚的乡土情结的生动体现。中国人安土重迁，一旦漂泊他乡，故国家园就会令他们魂牵梦萦，终生难以释怀。游子们会不断穿越时空隧道，做“故国神游”，在异乡的孤寂中拥抱故乡。

延伸阅读

我爱这土地

艾青

假如我是一只鸟，
我也应该用嘶哑的喉咙歌唱：
这被暴风雨所打击着的土地，
这永远汹涌着我们的悲愤的河流，

这无止息地吹刮着的激怒的风，
和那来自林间的
无比温柔的黎明……
——然后我死了，
连羽毛也腐烂在土地里面。
为什么我的眼里常含泪水？
因为我对这土地爱得深沉……

延伸阅读

慎终追远是中华民族的古老传统，无数海外华人尽管在居住国生活多年，但仍然摆脱不了那种漂萍之感。在意识深处，他们的根始终扎在祖先生息的故土之中。因此，眷恋祖地、祭拜祖先，是海外游子的一大情结。近年，世界客属公祭祖地、母亲河，便是海外华人寻根谒祖、报本返始的盛举。他们最热切的期盼和刻骨铭心的追求，就是最终回归故里安度晚年，百年之后归葬祖地。即便客死异国他乡，他们也要葬在华人的鬼域里，于是在世界各地便形成了独具华人特色的“义山”、“义冢”现象。

一条大河波浪宽，风吹稻花香两岸，我家就在岸上住，听惯了艄公的号子，看惯了船上的白帆……这是美丽的祖国，是我生长的地方……

——《我的祖国》歌词

五星红旗迎风飘扬，胜利歌声多么响亮；歌唱我们亲爱的祖国，从今走向繁荣富强。越过高山，越过平原，跨过奔腾的黄河长江；宽广美丽的土地，是我们亲爱的家乡。

——《歌唱祖国》歌词

爱国之情是恋土思乡情感的自然升华。一个热爱自己故土家乡的人必然会热爱祖国。从古至今，乡土恋情从来都是中华民族爱国情感的重要内容。据《史记·仲尼弟子列传》记载，当客居在外的孔子听说田常在鲁国作乱的消息后，沉思着对弟子们说："夫鲁，坟墓所处，父母之国，国危如此，二三子何为莫出？"孔子随即派弟子子贡出游，救援父母之邦的鲁国。从某种意义上说，鸦片战争以来的御侮爱国行为都是在恋乡情感的驱使下对侵略者的反击和斗争。无论是三元里人民抗英斗争还是太平天国农民革命，无论是义和团运动还是伟大的抗日战争，都是"保家卫国"的爱国运动。抗战时期著名的《黄河大合唱》，就是从"保卫家乡、保卫黄河、保卫全中国"来逐层调动无数中华热血儿女产生强烈的爱国共鸣，团结起来，共同抗战。

祖国不单是故乡家园的一方水土，也不仅是同胞聚居的有限疆域，它还是任爱国游子纵横驰骋的文化原野。因此，对民族传统历史文化的高度自信和认同是爱国热情的重要表现。历史文化是一个民族的根基和灵魂，是一个民族的精神血脉和精神家园。从呱呱坠地那一刻起，每个人就开始偎依在祖国母亲的怀抱，吮吸着祖国历史文化的乳汁。爱国情感深深根植于传统文化的丰厚土壤中。优秀的历史文化传统是民族自尊心、民族自信心和民族自豪感的不竭源泉。

名言隽语

我们喜欢唐诗宋词，这是中国心；我们热爱中华料理，这是中国腹。我们对国家的感情是心腹的感情。

——著名作家王蒙

延伸阅读

滴入唐诗的水

［新加坡］周粲

在水龙头盛了一杯水/正想喝下/那人突然喊住我/说慢着/我给你滴入/一点唐诗/水的颜色/随即红了起来/像五月怒放的榴花/又黄了起来/像一园未摘的枇杷/再绿了起来/像春风过后的江南岸。

爱国之情还表现为对国家领土主权的珍爱与维护，对国家政治制度的信心和认同。如果说骨肉爱、乡土恋、文化情是爱国情感的自然流露，那么国家爱则是爱国情感的理性升华。爱国情感具有政治色彩，它总是表现为一定的政治态度。在这份政治情感中，既有对国家富强、政通人和的自豪和骄傲，又有对国家贫弱、积重难返的忧虑和不安。任何个人或民族都置身于特定的政治制度中，个人、民族和国家往往是休戚与共的命运共同体。“家是最小国，国是千万家。”国家贫弱，其民必辱。国泰则民安，国强则民富。国家是个人赖以生存的基础，是维护个人权益不受外部侵害的重要庇护所。因此，爱国不仅表现为对祖国山河、文化、传统的眷恋之情和真挚之爱，而且通常表现为对国家政治权力、国家权威的捍卫和护爱。当个人利益与国家利益相矛盾时，应该以国家利益为先。一般说来，爱国和爱国家是一致的。特别是在我们社会主义制度下，由于国家代表着历史发展的前进方向，代表着广大人民群众的根本利益，爱国和爱国家实现了真正的统一。

爱国不仅仅是对祖国的热爱之情，还是一种高尚的义务和美德，是一种因爱生发的对祖国荣辱兴衰和前途命运的忧患意识与社会责任感、历史使命感，最终体现在报效桑梓、保卫国家、振兴祖国的奉献行为中。爱国是一种各国人民普遍认同的行为规范和道德义务。它要求人们把对祖国的热爱变成自己的行动，努力为祖国和人民的利益而工作。它要求人们关心祖国的前途和命运，遵守国家法令制度，维护国家统一和民族团结，以个人利益服从祖国利益。它要求个人急国家之所急，勤勤恳恳做好本职工作，随时为祖国奉献一切甚至生命。人们以关心国家、奉献祖国为荣，以损害祖国利益为耻。在中国历史上，爱国主义的思想行为受到人们的一致赞誉和极高评价，爱国主义者成为人们学习的楷模而流芳百世。“青山有幸埋忠骨，白铁无辜铸佞臣。”庄严耸立的岳飞坟和丑陋猥琐的秦桧跪像表达了中国人民鲜明的价值追求。

重要论述

中国人民有自己的民族自尊心和自豪感，以热爱祖国、贡献全部力量建设社会主义祖国为最大光荣，以损害社会主义祖国利益、尊严和荣誉为最大耻辱。

——邓小平

名言隽语

利于国者爱之，害于国者恶之。

——晏婴

爱国是文明人的首要美德。

——［法］拿破仑

常思奋不顾身，而殉国家之急。

——司马迁

位卑未敢忘忧国。

——陆游

天下兴亡，匹夫有责。

——顾炎武

为祖国而死，那是最美的命运啊！

——［法］大仲马

爱国主义与民族主义密切相关。民族主义的内涵依“民族”一词的含义而定。可以说，“民族”有狭义和广义两种含义。狭义的民族是人们通常所说的强调血缘关系的“族群民族”，指的是在历史上形成的具有共同语言、共同地域、共同经济生活、共同文化和共同心理的稳定的共同体，如汉族、蒙古族、俄罗斯族等；广义的民族是强调公民权利的“国民民族”，指的是同在一个国家政权之下享有共同价值理念的政治共同体，例如中华民族。当今世界绝大多数国家都是多民族国家，单一民族国家寥寥无几。即便像日本这样一个

顾炎武

所谓的单一民族国家，也仍然存在少数民族。因此，广义的民族通常是多族群统一体。中华民族就是一个由汉族和其他少数民族共同组成的多元统一体。在这种情况下，民族主义和爱国主义是基本一致的，理性健康的民族主义就是爱国主义。但是，如果这种基于国家立场的民族主义走向极端，就会损害国家的整体利益和长远利益，从而走向爱国主义的反面。从历史与现实来看，这种民族主义有两种非理性表现：一是民族沙文主义，体现为强烈的本民族优越感和排斥其他民族的倾向，最极端的表现就是法西斯主义；二是民族保守主义，即用文化的民族性排斥外来文化的先进性，其结果是民族文化精神日益萎缩和狭隘。狭义的民族主义是爱国主义的起点或基础，爱国主义则是地方民族主义的升华和拓展。在我们国家，大多数人对本民族情感与中华民族的整体认同是内在统一的。但是，地方民族主义也很容易成为一种离心的力量，导致民族矛盾，不利于国家统一和民族团结。这种民族主义的两种极端表现是主体民族的大民族主义和非主体民族的民族分裂主义，二者都与以整个国家利益为前提的爱国主义相冲突。

爱国主义与国际主义并不矛盾。爱国主义是国际主义的重要依托，国际主义是爱国主义的理性升华，也是爱国主义健康发展的必要条件。中国近代史昭示我们，要跟上时代进步和世界发展的潮流，就必须打破封闭状态，实行对外开放。西方产业革命以后中华民族之所以长期处于落后挨打的状态，一个重要原因是当时的封建统治者采取愚昧的闭关自守政策，不思进取，因而既不能追赶时代前进的步伐，也不能抵抗列强的侵略，留下一次又一次丧权辱国的记录。30 多年来，国家之所以取得举世瞩目的伟大成就，主要原因是我们实行了改革开放，注重学习与借鉴其他国家和民族的文明成果。在世界日趋全球化的今天，一个国家和民族如果自绝于世界大家庭之外，孤芳自赏，就更容易走向萎缩和落后，甚至被淘汰。作为人类的普遍价值，爱国主义的核心既是对祖国与民族大义的忠诚和奉献，也包括对世界上其他国家与民族的尊重和帮助。中国的发展进步离不开世界各国的文明成果。我们需要大力提倡爱国情怀，倡导心系故土、忠于祖国和振兴民族、自强不息的精神，同时也要有开放的态度和开放的眼光，处理好爱国主义与国际主义的关系。只有这样，我们中华民族才能真正迎来伟大复兴的光明前景。

重要论述

我们是国际主义者，我们又是爱国主义者，我们的口号是为保卫祖国反对侵略者而战。……因为只有为着保卫祖国而战才能打败侵略者，使民族得到解放。只有民族得到解放，才有使无产阶级和劳动人民得到解放的可能。中国胜利了，侵略中国的帝国主义者被打倒了，同时也就是帮助了外国的人民。因此，爱国主义就是国际主义在民族解放战争中的实施。

——毛泽东

中国人是讲爱国主义的，同时我们也是具有国际视野和国际胸怀的。随着国力不断增强，中国将在力所能及范围内承担更多国际责任和义务，为人类和平与发展作出更大贡献。中国将坚定不移走和平发展道路。我们也希望世界各国都走和平发展道路，国与国之间、不同文明之间平等交流、相互借鉴、共同进步，齐心协力推动建设持久和平、共同繁荣的和谐世界。

——2013 年 3 月 19 日，习近平在人民大会堂接受记者联合采访时的讲话

名言隽语

爱国心和人类爱是同一的。

——［英］丘吉尔

必须经过祖国这一层楼，然后更上一层楼，达到人类的高度。

——［法］罗曼·罗兰

延伸阅读

中外经济文化交流源远流长。两千多年前的张骞可以说是中国走向世界的第一人，他不畏艰险，两次出使西域，沟通了亚洲内陆交通要道，与西欧各国正式开始了友好往来，开拓了丝绸之路，促进了东西物质文化的广泛交流。

唐代玄奘西行取经的壮举谱写了对外文化交流的绚丽篇章。明代郑和七下西洋，扩大了中国与亚非国家的贸易往来，刺激了国内经济的发展。明末徐光启与意大利人利玛窦会面，看到了第一张新世界地图，眼界大开。在对待西方文化的态度上，他的名言是“欲求超胜，必先会通”，“苟利于国，远近何论焉？”这种开放包容的文化心胸使其成为引进西方科学技术的爱国者。鸦片战争深深刺痛了爱国志士。林则徐睁眼看世界，魏源提出“师夷长技以制夷”的主张，启蒙思想家严复系统介绍“西学”，这些都体现了他们的世界意识和向西方寻求救国良方的爱国情怀。

爱国既是一个永恒的主题，又是一个历史范畴。祖国的需要和历史的使命决定着爱国的内容与方式。因此，在不同的民族国家和

不同的历史时期，爱国具有不同的具体内涵、表现形式和时代特征。中华民族的爱国主义发展史就是这种历史性和时代性的鲜明体现。在我国古代，争取中华民族的团结和融合，推进国家的统一和强大，是爱国主义的主题。在近代，爱国主义主要表现为反帝反封建的爱国斗争和救亡图存的爱国实践。近代以后，爱国主义表现为争取民族独立和人民解放，坚持走中国特色社会主义道路。今天，在中华儿女为实现民族复兴而努力奋斗的新形势下，爱国主义又被赋予了崭新的内容和特色。

重要论述

爱国主义的具体内容，看在什么样的历史条件之下来决定。有日本侵略者和希特勒的"爱国主义"，有我们的爱国主义。

——毛泽东

推荐阅读材料

梁衡主编．爱国的理由．北京：中国人民大学出版社，2004

罗大文．试析爱国主义的内涵、结构与功能．学术论坛，2006（6）

吴潜涛，杨峻岭．全面理解爱国主义的科学内涵．高校理论战线，2011（10）

第二章

中华民族的爱国传统

正如费孝通先生所揭示的那样，“中华民族”指的是在中国疆域里具有认同感的各族人民，呈现出多元一体的格局：56 个民族是多元，中华民族是一体。作为一个蕴含着各族人民浓厚情感的特殊词汇，“中华民族”是在近代由“中华”和“民族”二词结合而成的；作为一个具有高度自我意识的命运共同体，中华民族是在近百年来与西方列强的抗争中真正觉醒的。但是，作为一个包括 50 多个民族的族群统一体，中华民族则是在几千年的中国历史演变中逐渐形成的。促成中华民族从多元到统一、从自在到自觉的正是各族人民对祖国和国家的热爱与认同。一部中华民族作为一个统一的多民族国家的诞生、形成和发展史，就是一部中华民族爱国主义的发展史。

中华民族爱国主义传统源远流长，滋润着世世代代中华民族子孙的心田，形成了中华民族巨大的凝聚力和向心力。江泽民同志指出：“在我国历史上，爱国主义从来就是动员和鼓舞人民团结奋斗的一面旗帜，是各族人民共同的精神支柱，在维护祖国统一和民族团结、抵御外来侵略和推动社会进步中，发挥了重大作用。在爱国主义精神激励下，我们的国家和民族自强不息，具有伟大的凝聚力和生命力。”千百年来，中华民族虽历经磨难，但百折不挠，勇往直前，始终巍然屹立于世界民族之林，靠的就是这种爱国主义传统和自强不息的奋斗精神。中华民族的爱国主义如同黄河长江，从汩汩细流到汹涌澎湃，从汇集百川到从容入海。今天，培育和弘扬爱国主义必须立足中华民族爱国主义传统。

在不同的历史时期，中华民族这一概念本身的内涵和外延都不尽相同，因此，爱国主义具有不同的主题和特点。中华民族爱国主义从孕育、萌生、形成到逐步发展和提升的全过程，时间跨度达五千年之久，可以划分为古代、近代和现代（新中国成立之后）三个大的阶段。

一、中国古代的爱国观念

在亚洲东部有一片广阔的大陆：它西起帕米尔高原，东到太平洋西岸诸岛，北有广漠，东南是海，西南是山。这片大地是一块从西向东高度逐级下降的斜坡。西部是海拔 4 000 米以上的青藏高原，东接海拔 1 000～2 000 米的云贵高原、黄土高原和内蒙古高原，再往东是海拔千米以下的丘陵地带和海拔 200 米以下的平原。这就是我们中华民族生息繁衍的家园。我们的祖先曾以为它是人类生存的唯一乐土，故称之为天下；又因四面环海，又称之为四海之内。五千多年以前，中华民族就开始在这块土地上孕育、成长和发展，创造了辉煌灿烂的文明，形成了巨大的凝聚力和向心力。中华民族从孕育、形成到发展，从自在到自觉，可以分为两个阶段：从远古到秦汉为第一个阶段，从秦汉到 1840 年为第二个阶段。中华民族的爱国观念在古代时期呈现出鲜明的特色。

早在公元前 6000 年到公元前 2000 年的新石器时代，中原黄河和长江流域中下游地区就出现了文明的曙光，并呈现出文化的多元格局。各具特色的文化之间相互竞争和融合，开启了多元文化的一体化进程。在炎、黄、尧、舜、禹等先祖的征战中，黄河中游不同部落集团之间不断碰撞和交融，汉族的前身华夏族初见雏形。在夏商周三代，通过吸纳东方和西方的新成分，华夏族不断成长壮大，从多元走向一体。在春秋战国时期，经过各民族的大迁徙和大融合，并吸收了众多新的民族成分和文化因素，华夏族的核心地位得以进一步巩固和发展，中华民族的主体汉族已经实际上孕育成形。夏商周三代就已经产生了特有的华夏文化。到春秋战国时期，各地人口的流动、各族文化的交流、各国的争雄竞争，带来了中国历史上第一次思想大辩论和文化大繁荣。这是一个人才辈出、百家争鸣的时代，以儒道为主的多元文化之花盛开在世界的东方。

相关链接

百家争鸣是指春秋战国时期知识分子中不同思想流派的涌现及各流派争芳斗艳的局面。据《汉书·艺文志》的记载，数得上名字的一共有189家，被后人称为“诸子百家”，其中影响较大的有10家，主要是儒家、墨家、道家和法家，其次有阴阳家、杂家、名家、纵横家、兵家、小说家。西汉刘歆在《七略·诸子略》中将小说家去掉，称为“九流”。俗称“十家九流”就是出自这里。春秋战国时期灿烂的文化成就具有鲜明的民族特色，与同时期古希腊文明交相辉映。这一时期的文化思想对后世中国人的思想观念和行为方式产生了深远的影响。

秦汉以前，特别是夏商周和春秋战国时期，是中华民族的确立时期，是中原各部族之间的融合与统一的时期。在此期间，统一的多民族国家尚未真正建立，夏、商、周的天子只是名义上的天下共主，各诸侯国实际上是相对独立的政治经济实体，中华民族统一的凝聚力尚在形成之中。因此，这一时期的中华民族爱国主义尚处在萌芽阶段，主要表现为骨肉爱、乡土爱、民族爱和祖国爱，其发展也主要是围绕着建立统一的多民族国家，奠定中华民族的生活地域、经济条件、文化传统，把生活在中华大地上的人们凝聚成一个统一的民族进行的。宽泛地说，在这一时期，凡是热爱自己的故土或邦国及其人民、有利于民族统一和团结、有利于邦国富强和社会进步的思想和行为，都属于中华民族爱国主义传统的一部分。

相关链接

屈原，战国末期楚国人，杰出的政治家和爱国诗人。屈原出身贵族，加之才能超群，受到了楚怀王的信任和擢升，受命担任左徒要职。屈原为实现楚国的统一大业，实现他的“美政”理想，积极推进楚国政治改革。对内积极辅佐怀王变法图强，举贤授能；

对外坚决主张联齐抗秦，收复失地。但是屈原的改革在内政外交上触动了楚国腐朽贵族集团的根本利益，遭到了他们的嫉恨和反对，在上官大夫等人的谗毁下，昏庸的楚怀王“怒而疏屈平（屈原）”。在“邦无定交，士无定主”的战国时代，许多士人在本国得不到重视时，常常投奔他国，如商鞅弃魏相秦、孟子游说齐梁、荀子入秦适楚、韩非背韩助秦等，但是屈原深爱楚国的人民和文化，始终对楚国不离不弃。屈原蒙冤被疏后，离开郢都，先后流浪汉北和沅、湘二水之间，写下了彪炳千古的爱国诗篇《离骚》。“路漫漫其修远兮，吾将上下而求索”，“长太息以掩涕兮，哀民生之多艰”，这些诗句表现了屈原强烈的民族自尊心、自信心和深厚的爱国情感。顷襄王二十一年（公元前 278 年），秦将白起攻破郢都，第二年又攻陷巫郡、黔中。屈原痛感国家的败亡，自己又无力挽救，悲愤难挨。是年，遂自投汨罗江，以身殉国。

屈 原

中华民族的爱国传统，萌芽于炎黄部族的冲突与融合，在尧舜时代“平章百姓”、“协和万邦”那里即有生动而深刻的体现。为民治水的大禹，开九州通九道，大会诸侯于涂山，并建立了中国历史上第一个奴隶制国家夏朝。从此以后，“天视自我民视，天听自我民听”、“民惟邦本，本固邦宁”等敬德保民的爱国爱民观念日渐深入人心。春秋战国时期儒墨道法诸家都奉行“务为治”的治学理想，为了人生的安顿、社会的治理而提出各种学说。出于对人生、对社会的忧患意识，先秦诸子大多席不暇暖地周游列国，以谋求从“天下无道”转变为“天下有道”。这一时期不仅出现了许多心存社稷、效忠国家（诸侯国）的忠义之士，更出现了主张尽快结束列国争雄，建立大一统的封建王朝，使天下为一的爱国观念。

相关链接

根据《尚书·尧典》的记载，尧帝最早提出了“协和万邦”的政治理念：“曰若稽古，帝尧曰放勋，钦、明、文、思、安安，允恭克让，光被四表，格于上下。克明俊德，以亲九族。九族既睦，平章百姓。百姓昭明，协和万邦。黎民于变时雍。”也就是说，尧帝恭敬节俭，明察四方，善理天下，道德纯备，温和宽容。他忠实不懈，又能让贤，光辉普照四方，思虑至于天地。他能发扬大德，使家族亲密和睦。家族和睦以后，又辨明其他各族的政事。众族的政事辨明了，又协调万邦诸侯，天下众民因此也就变得友好和睦起来。《尚书·禹贡》叙述了大禹治水成功，将“四海之内”即“天下”按距王城远近划分为“五服”，然后根据不同情况采取不同的治理方法。西周初年，“五服”制度已经产生，周统治者通过分封子弟和册封各部落与原有邦国的形式，将诸部落和邦国置于自己的控制之下。这对于华夏族和其他民族的融合起到了很大作用。

秦汉统一是中华民族发展史上的重大事件。秦始皇结束战国时代地方割据的局面，实行“车同轨”、“书同文”、“行同伦”的统一政策，使华夏族开始屹立在世界的东方。汉继秦业，华夏族在汉代四百余年的国运久盛之中发展转化成了汉族，中华民族的主体基本形成。这一时期，国力强盛，兵强马壮，海内富庶，都市繁荣，路不拾遗，夜不闭户，各族通和，民丰社稳。中华民族发展史上迎来了以“文景之治”和“汉武盛世”为标志的又一辉煌时代。

在秦汉之后，中华民族的历史发展是以汉族为主，各个不同民族之间相互交往、相互渗透、相互融合。从魏晋到鸦片战争之前，出现了魏晋南北朝和五代宋元的两次民族大融合，使统一的多民族国家得到空前发展。

南北朝时期北方诸族崛起，先后入主中原，一方面把自己的文化带到了中原地区，丰富了中国传统文化的内容；另一方面又逐渐接受了中原文化的影响，逐步汉化，融入中华民族的大家庭，从而使得中华民族不断发展壮大。隋唐统一中国就是这一民族融合的产物。唐代统治者实行宽松的民族政策，对内发展经济，对外加强交流，促进了中华民族的发展与强盛，书写了中华民族悠久历史中最辉煌的篇章，使唐代中国成为当时世界上最强盛的国家。盛唐时期的中国，文治武功，国力强盛，四海归心，八方来朝，民族团结，互通友好。各国英才纷至沓来，云集长安，使之成为一座空前繁荣、开放的国际大都市。各种文化在这里交流碰撞，然后又以崭新的面貌传向四面八方。

无论是汉族政权还是少数民族政权，五代十国都只能说是一种政治割据，而不属于民族割据，这些朝代在严格的意义上并不是民族国家，而是在中华民族内部出现的暂时的封建割据。宋朝统一中原之后，社会虽然获得了相对的稳定，但仍然深受民族矛盾和战争的困扰。经过辽、金、西夏、蒙古（元）与中原之间的连绵战争，元朝最终统一中国。元朝疆土广大，横跨欧亚，是当时世界上最强大的帝国。

元明之争是中华民族统一过程中的民族矛盾与冲突，元朝统治者退居漠北之后，成了明朝的臣属。明朝时期，虽然民族间的矛盾与冲突仍然存在，但各族人民之间基本上能够友好相处。明清之际，中国又发生了一次少数民族入主中原的重大事件。晚明的政治腐败与社会危机引发了农民暴动，明王朝在李自成的起义中覆亡。这时，关外后金的满族人乘虚而入，建立了清朝政权。清朝统治者为了巩固自己的统治，在建国之初采取了强硬的政策，强迫汉人剃发易服，把满族人的生活方式强加给其他民族。但同时，他们也采取了对汉族文化积极认同的政策，一方面提倡尊孔读经，另一方面吸收汉人参与政权统治。清朝在中华民族发展史上的最大贡献，是实现了全国的统一，促成了中华民族的定型。清朝疆域虽然没有恢复到大元时代，但大部分国土包括台湾在内统一于大清朝，经济上得到又一次恢复与发展，社会又重新走上了太平之路，迎来了中华民族发展史上的“康乾盛世”。

总之，在隋唐、元明和清前期的一千多年里，中国的统一和繁荣都达到了很高的水平。在版图不断扩大的同时，各个地区、各个民族之间在政治、经济、文化等方面的相互联系也大大加强，同时祖国观念进一步发展，民族亲和力不断增强。

明清两代中华民族与世界上其他民族的交往加强，西方文化逐渐传入中国，人们开始比较深入地接触到并非中国臣属的其他民族的文化，并在这种交流中产生了矛盾与冲突。外患成为明清两代特殊的社会问题。首先是东南沿海倭寇的侵扰，继而是西方列强对中国的蚕食，最终爆发为国家和民族生存的危机。中华大地的各个民族，作为一个统一的民族展开了捍卫国家独立和民族生存的伟大斗争。

从秦汉到清初的爱国主义是中华民族爱国主义发展史上的一个重要阶段。中华民族的爱国主义传统，主要就是指这一时期的爱国主义，或者说，传统文化中的爱国主义，主要就是指这一时期的爱国主义。它既是先秦中华民族和中国初步形成时期爱国主义的继承和发展，又是近代乃至现代爱国主义进一步发展的基础和前提。在这一时期，中华民族的爱国主义的发展，是沿着中华民族融合、统一与发展的道路演变的。争取中华民族的团结和融合，推进国家的统一和强大，是这一时期爱国主义发展的主题，突出体现在以下两个方面：

其一，反对分裂，维护和巩固多民族国家的统一。秦汉时期，大一统的中央集权制国家得以确立和巩固，中华民族的主体——汉族——逐渐形成。此后，经过汉族和其他民族的长期交融与交流，到清朝初期，中华民族作为一个自在的民族实体初步定型。因此，维护国家和民族的统一就成了这一时期中华各族人民的共同愿望，也是爱国主义的重要表现。

从秦汉到清朝的近两千年中，曾断续出现国家和民族的分裂局面，但各族人民和睦相处、团结统一仍然是中华民族历史发展的主流。统一是民心之所向，分裂无法长久维持，呈现出一种内聚式的越分越统一的大趋势。每当国家和民族出现分裂，许多杰出的政治家、军事家和思想家都会从中华民族的整体利益出发，义无反顾地反对分裂、争取统一，表现出强烈的爱国主义热情和坚定意志。清初，在我国北部和西北部边疆曾经爆发过分裂国家、分裂民族的准噶尔叛乱、大小和卓叛乱。康熙帝、雍正帝、乾隆帝都坚决地镇压了这种分裂行动，有力地维护了国家和民族的统一。历史证明，任何分裂国家、分裂民族的罪恶行动都不会成功，搞民族分裂、国家分裂的人也不会有好结果，因为他们不得人心，违背了各族人民维护民族团结和国家统一的爱国主义传统。民族团结、国家统一是人心所向，其中凝聚了各族人民的崇高爱国主义精神。

相关链接

康熙平息叛乱

为了巩固国家的统一以促进生产的发展，清康熙帝坚决打击地方割据势力，于康熙十二年（1673 年）下令撤藩。镇守云南的平西王吴三桂举兵反清，自称天下都招讨兵马大元帅，攻湖南，取四川，靖南王耿精忠、平南王尚之信等纷纷起兵响应。吴三桂等人的割据战争对清初刚开始 1678 年，吴三桂在衡州称帝，国号大周。安定下来的政治局面破坏极大，重新把我国人民特别是西南人民推向战乱的水深火热之中。康熙帝果断地采取一系列政治、军事措施，历时八年，终于击灭了吴三桂割据政权，有效地维护了国家的统一和社会的安定，使清代历史进入蓬勃发展的“雍乾”时期。他代表的，不仅是满族人民的利益，而且是包含汉族人民在内的各民族的共同利益。

我国人民历来十分珍惜各族人民之间的友谊和团结。从张骞通西域开始，汉族和少数民族之间、各少数民族之间的友好往来就不曾间断。苏武之所以能够生还祖国，一方面固然是因为他对汉朝始终不渝的耿耿忠心；另一方面也是因为匈奴贵族慑于民族团结的大势所趋，不敢与汉公开交恶。班超在西域诸国活动多年，帮助当地人民发展生产，深得各族人民拥戴。当他奉旨回京时，于阗国“王侯以下皆号泣曰：‘依汉使如父母，诚不可去!’互抱超马脚，不得行”。文成公主入藏时，松赞干布亲自到柏海（青海鄂陵湖或札陵湖）迎接。文成公主从内地带去许多手工艺工匠，还带去蔬菜种子、蚕种。她教给藏族妇女纺线、织布，教给当地人民各种先进的生产技术。这些对西藏的发展、对西藏与祖国的统一和藏汉人民的团结都起到了一定的作用。至今，西藏民间广泛流传着不少歌颂文成公主的民歌，她一直深受藏族人民的爱戴。

文成公主入藏图

在这一时期，汉民族文明发展程度较高，因此许多少数民族在与汉民族交往过程中，不断受到汉民族文明的影响，逐渐提高了本民族的文明发展水平；同时，他们中一些好的方面也反过来影响汉民族的发展，使互相间的交往能在愈来愈高的水平上进行，有效地促进了中华民族的团结和融合。清王朝是满族人建立的，在巩固政权、发展生产的过程中，满族统治者逐渐在实践中认识到学习当时较为先进的汉文化的必要性和重要性，逐渐克服了民族偏见，大量吸收汉族知识分子到自己的统治层中来，鼓励满族人吸取汉族和其他民族的优点。除有效地继承了中国历史上各族统治者的政治、军事经验，继承和发展了各种生产技术外，满族中还涌现了像纳兰性德等这样用汉文写作的著名诗人、文学家。同样，汉民族也吸收其他兄弟民族先进的东西。中华民族的各个民族之间，都有着相互学习、相互影响、以人之长补己之短的大量事实。这种相互学习、相互取长的过程，也就是中华民族向前发展、共同提高的过程。而统一的多民族国家，既是这种相互学习的推动者和组织者，也是这种相互学习的根本上的保证。随着生产力的发展和社会进步，各民族间的交往日益扩大和密切，爱国主义的向心力也就越发增强。

相关链接

北朝鲜卑族孝文帝改革

鲜卑族北魏孝文帝执政后，努力向中原文化学习，积极推行汉化改革。他从平城（今山西大同）迁都洛阳，改革各种落后的风俗习惯，要求本族人讲汉话、改汉姓、穿汉服，奖励与汉人通婚，仿南朝定官制朝仪。这些学习和改革，促进了北魏经济的发展、文教的昌盛，使一个古老落后的部族跃入了先进民族的行列，也促进了北方民族的大融合。

其二，反对守旧和倒退，要求改革和进步。从秦汉到清朝前期，中华民族追求国家和民族的统一，最终是为了国家和民族的强盛与发展。在这一时期，为了国家富强和民族振兴，不少仁人志士不畏凶险、励志革新、奋发图强，表现出强烈的爱国热情和报国之心。

汉武帝刘彻成为一个雄才大略的君主，是同他的改革精神分不开的。他在文景之治的基础上，对国家的政治、思想、经济各个领域进行了一系列的改革，如“罢黜百家，独尊儒术”，以求国家思想统一；颁布推恩令，削弱王国的地方分裂势力；削弱三公，权移尚书；为保卫中原的生产发展和社会安定，进行了反击匈奴骚扰的三次大战；将冶铁、煮盐、铸钱三大手工业收归国有；等等。这些措施对于改善和发展中原生产、振兴当时国力是具有积极作用的。当然，改革必定受到各方面的阻碍。在我国封建社会里，阻碍社会发展的主要力量是以皇族、守旧官僚和地方豪绅为代表的大地主阶级。他们兼并大量的土地，残酷压榨和剥削农民。为了保持和取得更大的物质利益，他们在政治上十分守旧，不愿改变现行统治秩序，对凡是改变现状的做法都加以反对。但是改革代表了社会前进的方向，符合国家的利益，是必然的势趋。宋代政治家王安石在变法中实行方田均税法、农田水利法、募役法、青苗法、均输法、保甲法等等，以图达到“去其疾苦，抑兼并，便趣农为急”的目的。但每一项新法几乎都触犯了以司马光为代表的大地主阶级的利益。比如方田均税法，就是将有产而无税的大地主、大官僚的土地重新丈量，纳入国家税额。这自然要引起大地主阶级的反对。王安石为了推行新法，和大地主阶级进行了坚决的斗争，他在《答司马谏议书》中理直气壮地说：“盘庚不为怨者故改其度，度义而后动，是而不见可悔故也。”以此来表明他变法的决心。由于坚持改革，推行了新法，当时从中央到地方出现了仓库所积钱粟“无不充衍”的局面。就是在王安石下台后的相当长一段时间里，新法也没有被完全废止。司马光上台后虽废黜新法，但其实也仍继续保留了一部分。列宁对王安石给予了高度评价，他说："王安石是中国 11 世纪时的改革家。"到了明代，张居正推行"一条鞭法"等改革，虽然也遇到一些阻力，但终于获得了成功，使明腐败的朝政稍有转变。这些都说明改革的趋势在历史上是不可阻挡的。

二、中国近代的爱国精神

从 1840 年鸦片战争爆发到 1949 年新中国成立，是我国爱国主义发展的近代阶段。中国在鸦片战争后逐渐沦为半殖民地半封建社会，帝国主义列强的侵略和践踏、地主资产阶级的剥削和压迫，使中华民族面临深重的灾难和危机。但是，中国人民不屈不挠，奋起抗争，为拯救民族危亡、实现民族复兴而英勇奋斗、艰难探索。一部中国近代史，是一部中华民族饱受耻辱、历经磨难的屈辱史，也是中华儿女抗敌御侮、救亡图强、争取民族独立和自身解放的爱国主义斗争史与创业史。正是中国近代所面临的文明危机、民族危亡和国家破碎的局面，促进了中华民族作为统一整体的自我意识的觉醒，也促使中国人民的爱国主义热情空前高涨和迸发，爱国主义传统也达到了历史的高潮。

（一）旧民主主义革命时期的爱国精神

从 1840 年鸦片战争到 1919 年五四运动前的 79 年为旧民主主义革命时期。这一时期的历史是帝国主义和封建主义勾结起来，同中国人民为敌的历史。正如毛泽东所指出的，"帝国主义和中国封建主义相结合，把中国变为半殖民地和殖民地的过程，也就是中国人民反抗帝国主义及其走狗的过程"。这一时期的历史也是一批批仁人志士为了拯救民族危亡、实现民族复兴而师夷制夷、维新图强的历史。

因此，这一时期的爱国主义主要表现为反帝反封建的爱国斗争和救亡图存的爱国实践。

鸦片战争之后，曾经有着灿烂而辉煌历史的中国陷入了被列强蚕食鲸吞、瓜分豆剖的危难境地。从鸦片战争、第二次鸦片战争、中法战争到甲午中日战争，中华民族遭受了空前深重的苦难，中国人民付出了世界上罕见的巨大牺牲。康有为 19 世纪末描绘当时的形势说："俄北瞰，英西睒，法南瞵，日东眈，处四强邻之中而为中国，岌岌哉!"他痛陈"亡国灭种"的空前危机，并警示人们："吾中国四万万人，无贵无贱，当今日在覆屋之下，漏舟之中，薪火之上，如笼中之鸟，釜底之鱼，牢中之囚，为奴隶，为牛马，为犬羊，听人驱使，听人割宰，此四千年中二十朝未有之奇变。"① 20 世纪初，爱国志士陈天华更是热泪盈眶地控诉："俄罗斯，自北方，包我三面；英吉利，假通商，毒计中藏；法兰西，占广州，窥伺黔桂；德意志，领胶州，虎视东方；新日本，取台湾，再图福建；美利坚，也想要，割土分疆。这中国，哪一点，还有我份？这朝廷，原是个，名存实亡。"他沉痛地号召中国人民："瓜分豆剖逼人来，同种沉沦剧可哀，太息神州今去矣，劝君猛醒莫徘徊。"1898 年 7 月，兴中会会员谢缵泰在香港《辅仁文社社刊》上发表了他的漫画《时局图》。东边是凶焰万丈的日本，北面是虎视眈眈的俄国，英国盘踞在长江流域，法国垂涎于西南边陲，德国霸占了山东半岛，美国从菲律宾伸来利爪，这就是 19 世纪末的中国。面对被列强瓜分豆剖的严重危机，谢缵泰用生动形象的漫画，把中国的时局展示在世人面前。在图旁题词中，谢缵泰悲愤难抑，赋诗一首："沉沉酣睡我中华，哪知爱国即爱家，国民知醒宜今醒，莫待土分裂似瓜。"台湾作家柏杨在《中国人史纲》一书中写到，一些中国人曾经听说过或从未听说过的弹丸小国，在过去就是前来进贡也没有资格的，现在排队而来。昨

① 汤志钧编：《康有为政论集（上）》，237 页，北京，中华书局，1981。

日的辉煌，今日的屈辱，形成巨大的反差，几千年的文明之邦似乎在一夜之间沦为“劣等民族”。

有痛、有泪、有恨、有怒，但中华民族更有骨、有志。于是，奋起、抗争、救亡、图强，就成为近代中国历史的时代主题。挽民族于倒悬，救国家于水火。在中华民族面临亡国灭种的严峻时刻，广大人民群众和爱国志士不甘屈服，奋起反抗，同仇敌忾，用生命和鲜血谱写了一首又一首可歌可泣的抵御外侮的爱国史诗。三元里人民抗英斗争的胜利，长了中国人民的志气，灭了侵略者的威风，鼓舞了近代中国人民的爱国信心，揭开了近代中国人民反侵略斗争的序幕。此后，为了保家卫国、捍卫民族尊严，中国人民前仆后继，流血牺牲，视死如归，决不退缩。第一次鸦片战争中殉难的民族英雄水师提督关天培、沙角炮台副将陈连升、定海总兵葛云飞、江南提督陈化成，第二次鸦片战争中牺牲的民族英雄回族将领沙元春、蒙古将领乐善、直隶提督史荣椿，中法战争中大败法军的冯子材、黑旗军将领刘永福、福建巡抚刘铭传，甲午海战中殉国的刘步蟾、邓世昌和丁汝昌，抗击八国联军的爱国将领聂士成、寿山，这些浩气贯长空、英明垂千古的铁血将领以及无数的普通战士，以临危不惧、誓死抗争的精神，谱写了悲壮赤诚的民族颂歌，成为鞭策和激励中华儿女自强不息的精神丰碑。

延伸阅读

三元里

张维屏

三元里前声若雷，
千众万众同时来；
因义生愤愤生勇，
乡民合力强徒摧。
家室田庐须保卫，

不待鼓声群作气；
妇女齐心亦健儿，
犁锄在手皆兵器。

冯子材大振国威

1884年，法国侵略军通过越南向我国广西边境进犯，还一度打进了镇南关（今友谊关），想夺占广西、云南的大片土地。这样，就爆发了中法战争。已经年近70岁的冯子材，不顾年老有病，毅然重返前线，率军与侵略者在镇南关摆下了战场。

法军烧毁了镇南关，使中国军队无关可守，冯子材就下令建起一道长墙作屏障。1885年3月的一天，法军在大炮的掩护下，向长墙扑了过来。冯子材大声喊道："如果说法寇入关，我等有何面目见两广父老！"将士们杀出长墙，与敌人激战到夜晚，终于击退了入侵者。第二天，法军又来进攻，有的已经越过了长墙。在这紧要关头，冯子材大喝一声："跟我来！"他身穿布衣，脚穿草鞋，跳出长墙，和敌人拼杀起来。将士们见老将军如此英勇，激动万分，呐喊着冲了上去，杀得敌人胆战心惊、尸横遍野。

镇南关一仗，中国军队取得了完全的胜利，保卫了祖国的南疆。冯子材在反侵略斗争中立了大功。

甲午海战中的邓世昌

邓世昌是当年北洋水师"致远"舰的管带，治军严谨，精于训练，"使船如使马，鸣炮如鸣镝，无不洞合机宜"。邓世昌满怀报国之心，甲午战争爆发即发出了"设有不测，誓与日舰同沉"的誓言，激励部下："人谁不死，但愿死得其所尔。"1894年9月，北洋舰队在黄海海面大东沟遭到日本舰队突袭，邓世昌率"致远"舰奋勇冲锋，力战敌寇，重创多艘日舰。在"致远"号弹尽舰伤的情况下，邓世昌仍下令全速前进，试图撞沉日舰"吉野"号，与敌同归于尽。不幸途中中敌鱼雷，船身沉没。邓世昌坠海后，放弃了获救机会，与舰共存亡，牺牲时年仅 45 岁。“致远”舰全舰 200 多名官兵，大部分壮烈牺牲。他们的爱国精神成为激励后来者反抗侵略的强大动力。

邓世昌

中华民族历经磨难，命运多舛，但从未放弃对美好理想的追求和向往。为了救亡图存，中国的先进分子带领中国人民，始终坚持在苦难和挫折中求索，在风雨飘摇中前进，敢于挽狂澜于既倒，扶大厦之将倾，表现出披肝沥胆、百折不挠的英雄气概。从林则徐组织编译《四洲志》，引导人们“睁眼看世界”，到魏源倡导学习西方“师夷长技以制夷”，再到“自强求富”的洋务运动，民族复兴的梦想渐渐拉开了大幕。19 世纪末，康有为、梁启超等发起“戊戌变法”，推动清朝政府自上而下实行变革维新。尽管这场改良梦仅仅持续了 103 天，但“戊戌六君子”却以“我自横刀向天笑，去留肝胆两昆仑”的慷慨悲壮，让追寻强国梦想的维新志士永载史册。

名言隽语

19 世纪对（中国）来说，是一个屈辱的时代，但同时也是一个有着大量反思、思考中国需要做些什么才能在这个复杂的世界生存下去的时代。

——美国耶鲁大学教授史景迁

与此同时，另一个先进的中国人勇敢地站了出来。他就是伟大的民主革命的先行者孙中山。1894 年夏，孙中山上书李鸿章，要求改革被拒绝。不久，甲午战争爆发，清政府惨败。胸怀大志、报国无门的孙中山愈益忧愤，远赴海外，另谋他图。在檀香山，孙中山联合华侨 20 多人组建了中国近代第一个资产阶级革命团体“兴中会”。在兴中会的成立宣言中，孙中山发出了一个民族的呐喊和誓言——振兴中华。共同蒙受的外族入侵与战争、共同遭遇的深重灾

孙中山

难与苦痛、共同经历的非凡奋斗与抗争，让中华民族前所未有地凝聚起来，也让实现中华民族伟大复兴成为近代以来中国人民最伟大、最根本的梦想。1905 年 8 月，中国第一个资产阶级革命政党中国同

盟会在东京成立。在同盟会机关报《民报》发刊词中，孙中山提出了“民族、民权、民生”即三民主义的政治纲领。1911 年 10 月 10 日，武昌起义的枪声划破了中国黑暗的上空，几千年封建庙堂轰然坍塌。各种新思潮、新学说扑面而来，国家主义、无政府主义、新村主义、互助主义、伯恩施坦主义、基尔特主义，一时间几百个政党登上中国的政治舞台。各种救国主张也相继登场，如教育救国、科学救国、实业救国等。有人试图在广大农村建设新村，有的想在城市建立各尽所能、各取所需的工农互助团。但实践证明，所有这些道路都走不通。究竟哪一种主义才是拯救国家的良方？究竟哪一个政党能够承担起民族复兴的使命？

重要论述

自从一八四〇年鸦片战争失败那时起，先进的中国人，经过千辛万苦，向西方国家寻找真理……那时，求进步的中国人，只要是西方的新道理，什么书也看。

——毛泽东

（二）新民主主义革命时期的爱国精神

从 1919 年五四运动到 1949 年新中国成立之间的 30 年是新民主主义革命时期。这一时期的爱国主义不仅表现为反帝反封建的斗争，也表现为反官僚资本的斗争。江泽民同志说：“在新民主主义革命时期，爱国主义主要表现为致力于推翻帝国主义、封建主义、官僚资本主义反动统治的斗争，把黑暗的旧中国改造成为光明的新中国。”①新民主主义革命史是波澜壮阔的战争史，探索救国道路、争取民族独立和人民解放，成为这一时期爱国主义的新特征。

近代以后，为了实现民族独立、人民解放、国家富强，无数志

① 《江泽民文选》，第 1 卷，121 页，北京，人民出版社，2006。

士仁人抛头颅、洒热血，前仆后继、英勇奋斗；各种救国图强运动风起云涌、潮起潮落，太平天国运动、洋务运动、戊戌变法、义和团运动特别是辛亥革命都对实现这一目标起到了积极作用，但都没能完成中华民族救亡图存的民族使命和反帝反封建革命的历史任务，都不能从根本上改变中国半殖民地半封建社会的悲惨命运。在这一时期，各种主义和思潮“你方唱罢我登场”，但都没能解决中国的前途和命运问题。莽莽神州，已倒之狂澜待挽；茫茫华夏，中流之砥柱伊谁。中国该往何处走？要实现中华民族的伟大复兴，到底应该走一条什么样的道路呢？

延伸阅读

20 世纪初，西方的各种政治学说和社会思潮纷纷涌入。成千上万的中国人在各种各样的“主义”中寻找着各自的信仰。中国已经醒来，但是，正如鲁迅所指出的，“人生最苦痛的是梦醒了无路可以走”。20 世纪早期的中国已到了国将不国的地步，军阀之间为争权夺利混战不断，四处可见“城头变幻大王旗”，百姓生活在兵荒马乱的恐惧之中，报刊上常见的描述是“大肆劫掠，惨不忍言”。租界和占领区则一如从前，外国人在华特权原封不动，外国的战舰仍在中国内河扬威，一个迫切而又迷茫的问题是：中国该往何处去？在这众多的主义和思想中哪一个能给中国带来光明？1919 年梁启超来到欧洲，贫富差距和尖锐的劳资矛盾让他十分震惊，他在《欧游心影录》中描述道：全社会人心都陷入怀疑、沉闷、畏惧之中，好像失去了罗针的海船，迎着风遇着雾，不知前途怎生是好。一位美国记者直截了当地告诉梁启超，西方文明已经破产了，这使得正在向西方学习的中国人感到困惑，中国还要沿着这条路再走一遍吗？就在这个时候，从俄国传来了十月革命成功的消息，世界上第一个社会主义国家诞生了，中国的先进分子在反复比较中坚定地选择了马克思主义。

十月革命一声炮响，给中国送来了马克思列宁主义。1919 年爆发的五四运动，进一步推动了马克思主义在中国的传播及其与工人运动的结合。一些倾向于社会主义的知识分子，开始在马克思主义的旗帜下集合起来。1921 年，在马克思列宁主义同中国工人运动相结合的进程中，中国共产党应运而生。中国共产党的诞生是近现代历史上开天辟地的大事变，是近代以来中国社会进步和革命发展的必然结果，是历史的必然选择、人民的必然选择。自从有了中国共产党，中国革命的面目就焕然一新了。从此以后，爱国主义所追求的国家富强、民族独立和人民幸福的理想也开始同争取社会主义的前途紧密联系在一起。

1937 年 7 月 7 日，卢沟桥事变爆发，日本帝国主义发动了全面侵华战争，中华民族再次到了“亡国灭种”的危难关头。面对民族危亡，中华民族和日本帝国主义的矛盾成为主要矛盾，抗日救亡成为爱国主义的主要内容。“我国家、我民族，已处在千钧一发的生死关头。抗日则生，不抗日则死，抗日救国，已成为每个同胞的神圣天职!”① 在这场救亡图存的伟大斗争中，中华儿女为中华民族独立和自由不惜抛头颅、洒热血，母亲送儿打日寇，妻子送郎上战场，男女老少齐动员。北京密云县一位名叫邓玉芬的母亲，把丈夫和五个孩子送上前线，他们全部战死沙场。华北平原上的一个庄户人家写下这样一副对联：万众一心保障国家独立，百折不挠争取民族解放，横批是：抗战到底。这是中华儿女同日本侵略者血战到底的怒吼，是中华民族抗战必胜的宣言。

延伸阅读

抗日英雄杨靖宇

民族抗日英雄杨靖宇曾担任“南满抗日联军”司令，从 1934 年一直到 1940 年沙场献身为止。在艰苦征战的六年中，他身先士卒地

① 《中共中央文件选集》，第 10 册，519 页，北京，中共中央党校出版社，1991。

在白山黑水、林海雪原里打击日寇。面对敌人的重兵围剿，杨靖宇率部顽强战斗，使敌人坐卧不安，惶惶不可终日。日酋对他又怕又恨，调集重兵围困。有人劝杨靖宇投降，他斩钉截铁地说："不，我有我的信念。"最后，弹尽粮绝，杨靖宇在打完最后一颗子弹后壮烈牺牲。敌人残忍地用刺刀剖开他的肚子，杨靖宇肚里没有一粒米，有的只是树皮、草根和棉絮。

在中国共产党的呼吁和倡导下，全民族的爱国主义意识逐步形成。从九一八事变到七七事变，中华民族投入抗日救亡斗争的社会阶层不断扩大，不同阶级、不同党派捐弃前嫌，在爱国主义旗帜下走到一起。1937 年 2 月 13 日《新中华报》写道："我辈同为黄帝子孙，同为中华民族儿女，国难当前，惟有抛弃一切成见，亲密合作，共同奔赴中华民族最后解放之前程。"充分展露了华夏儿女保家卫国、御辱于外、抗战到底的无畏精神。抗战期间，中国共产党始终把抗战同民主、爱国结合在一起。在革命根据地，实行三三制原则，有效地团结了一切赞成抗日又赞成民主的各阶级、各阶层；抗日民主政权普遍采用民主集中制，努力发扬政治民主，保障人民的民主自由权利，有效地增强了民众的民族自信心、政治归属感和民族向心力。在抗日战争时期，全体中华儿女冒着敌人的炮火，携手并肩，共赴国难，无论是正面战场，还是敌后战场，千千万万爱国将士浴血奋战、视死如归，各界民众万众一心、同仇敌忾，奏响了一曲曲感天动地的抗击日本侵略的英雄凯歌，把中华民族的爱国热情推向了新的高潮。

爱国主义与社会主义相结合是新民主主义革命时期的鲜明主题。毛泽东先后发表《新民主主义论》和《论联合政府》，确立了中国共产党革命的方向就是"完成中国资产阶级民主主义的革命（新民主主义的革命），并准备在一切必要条件具备的时候把它转变到社会主义革命的阶段上去”①，指明了中国革命分两步走的问题，从理论与实践上解决了如何正确理解爱国和救国的问题。抗日战争结束后，蒋介石集团妄图实施“独裁、内战和卖国三位一体的”内战方针，中华民族爱国主义演变为保卫人民权利和抗战果实的解放战争。“目前这个斗争表现为蒋介石要篡夺抗战胜利果实和我们反对他的篡夺的斗争。”② 此后，毛泽东在《将革命进行到底》的新年献词中明确指出中国共产党所争取的中国的光明前途是推翻三座大山的压迫，建立社会主义中华人民共和国。

重要论述

中国自鸦片战争以来的一个多世纪内，处于被侵略、受屈辱的状态，是中国人民接受了马克思主义，并且坚持走从新民主主义到社会主义的道路，才使中国的革命取得了胜利。

——邓小平

经过北伐战争、土地革命战争、抗日战争、解放战争，党和人民进行28年浴血奋战，最终打败日本帝国主义侵略，推翻国民党反动统治，建立了中华人民共和国。新中国的成立，使人民成为国家、社会和自己命运的主人，实现了中国从几千年封建专制制度向人民民主制度的伟大跨越，实现了中国高度统一和各民族空前团结，彻底结束了旧中国半殖民地半封建社会的历史，彻底结束了旧中国一盘散沙的局面，彻底废除了列强强加给中国的不平等条约和帝国主义在中国的一切特权。中国人从此站起来了，中华民族爱国主义也揭开了崭新的篇章。

---

① 《毛泽东选集》，2版，第2卷，651页，北京，人民出版社，1991。
② 《毛泽东选集》，2版，第4卷，1130页，北京，人民出版社，1991。

三、新中国成立以来的爱国主题

1949年，毛泽东主席登上天安门城楼，向全世界庄严宣告："中华人民共和国中央人民政府成立了!"自此，中华民族的历史翻开了新的篇章。从此，在中国共产党的领导下，勤劳勇敢的中国人民以强烈的爱国热情和顽强的拼搏精神，扭转了近代以来中国内忧外患、积贫积弱的悲惨命运，开启了探索和建设社会主义的历史进程，中华民族伟大复兴展现出前所未有的光明前景。自力更生、艰苦奋斗、改革开放、探索中国特色社会主义道路，成为这一时期爱国主义的主要特征。

饱受帝国主义侵略和战乱摧残的新中国，满目疮痍，一穷二白。国内政权不稳、市场混乱、各项事业百废待兴；国际上，以美国为首的西方资本主义国家长期对我国实施经济封锁、军事包围和战争挑衅。党和国家面临着巩固新生民主政权、恢复和发展国民经济、维护国家主权和安全等严峻的执政考验。自力更生，艰苦奋斗，建设现代化强国，是党和国家面临的重大任务。对此，毛泽东曾经指出："中国的革命是伟大的，但革命以后的路程更长，工作更伟大，更艰苦。这一点现在就必须向党内讲明白，务必使同志们继续地保持谦虚、谨慎、不骄、不躁的作风，务必使同志们继续地保持艰苦奋斗的作风。"① "我们中华民族有同自己的敌人血战到底的气概，有在自力更生的基础上光复旧物的决心，有自立于世界民族之林的能力。"② 在中国共产党的领导下，全国各族人民发扬积极的主人翁精神和崇高的责任感，以高度的爱国热情和冲天的干劲，冲破了帝国主义的封锁、制裁，医治了旧中国留

---

① 《毛泽东选集》，2版，第4卷，1438～1439页。
② 《毛泽东选集》，2版，第1卷，161页，北京，人民出版社，1991。

下的创伤，取得了抗美援朝的伟大胜利，完成了对农业、手工业和资本主义工商业的社会主义改造，确立了社会主义基本制度，实现了中国历史上最伟大、最深刻的社会变革，开始了在社会主义道路上实现民族复兴的历史征程。新中国成立之初，著名桥梁专家茅以升、地理学家李四光、空气动力学家钱学森、数学家华罗庚、"两弹"元勋邓稼先等一大批在国外工作、学习的知识分子，冲破重重阻挠，回到祖国建立功勋，用不计个人得失、无私奉献的崇高品质诠释了伟大的爱国主义精神。抗美援朝战争中志愿军战士维护正义、反对强权、不畏牺牲的英勇壮举，各阶层人民增加生产、厉行节约、捐款捐物表现出的崇高革命热情，生动谱写了爱国主义和革命英雄主义的壮丽史诗，凝聚成伟大的抗美援朝精神，成为中国人民宝贵的财富。

相关链接

"两弹"元勋邓稼先的爱国情怀

20世纪50年代，新中国在科学技术方面非常落后，在国际社会上备受歧视和冷落。为了改变这种状况，一些在海外工作和留学的中国知识分子，放弃优厚的待遇和远大前程，毅然决然地回到祖国，为国家的科技事业发展作出了突出贡献。邓稼先就是这样一位爱国赤子。早在青少年时代，他就树立了科技强国的理想。1948年，邓稼先到美国普渡大学留学，获物理学博士学位。1950年，他放弃国外优越的工作生活条件，回到祖国。为了发展国防科研事业，他甘当无名英雄，默默无闻地奋斗了几十年。他组织领导开展了爆轰物理、流体力学、状态方程、中子输运等基础理论研究，对原子弹的物理过程进行了大量模拟计算和分析，从而迈出了中国独立研究设计核武器的第一步。他领导完成了中国第一颗原子弹的理论方案并参与指导核试验前的爆轰模拟试验。参与了1967年中国第一颗氢弹的研制与试验工作。他还在组织领导与规划新核武器工作方面付出了艰辛的劳动，是我国核武器理论研究工作的奠基者之一。提到邓稼先，邓小平说："两弹是他的勋章，中国为他骄傲！"

只有社会主义才能救中国，只有社会主义才能发展中国，"爱国主义与社会主义本质上是一致的，建设有中国特色的社会主义是新时期爱国主义的主题"①。社会主义改造的基本完成，标志着"我们国内的主要矛盾，已经是人民对于建立先进的工业国的要求同落后的农业国的现实之间的矛盾，已经是人民对于经济文化迅速发展的需要同当前经济文化不能满足人民需要的状况之间的矛盾"②。开展大规模的社会主义建设，把我国从落后的农业国变为先进的工业国已经成为实现中国发展的客观要求。在借鉴苏联社会主义建设经验教训基础之上，毛泽东发表《论十大关系》，提出找寻一条适合中国国情的社会主义建设道路，开创了探索社会主义建设道路的历史新时期。1956 年至 1976 年，以毛泽东为主要代表的中国共产党人在探索适合中国国情的社会主义建设道路过程中披荆斩棘，克服了三年经济困难，创造了诸如"两弹一星"等科技奇迹，在很短的时间内建立起独立的、较为完整的工业体系和国民经济体系。虽然在探索社会主义历程中遭受过严重挫折，但我们党也在社会主义建设方面取得了许多积极成果，为后来开创中国特色社会主义提供了宝贵经验、理论准备和物质基础。这一时期，各行各业涌现出众多的爱国主义英雄人物，如甘愿做革命"傻子"的雷锋，"铁人"王进喜，人民的好书记焦裕禄，商业战线上"一团火"的张秉贵，鞠躬尽瘁、抱病工作的蒋筑英，心系藏胞、扎根边疆的好干部孔繁森，全力支持丈夫保家卫国的好军嫂韩素云等，他们的爱国主义精神影响和感染着一代又一代的中国人。

---

① 《十四大以来重要文献选编（上）》，921～922 页，北京，人民出版社，1996。
② 《建国以来重要文献选编》，第 9 册，341 页，北京，中央文献出版社，1994。

重要论述

> 事实已经回答了这个问题：只有社会主义能够救中国。社会主义制度促进了我国生产力的突飞猛进的发展，这一点，甚至连国外的敌人也不能不承认了。
>
> ——毛泽东

1978年，改革开放的关键抉择展开了社会主义现代化建设的新局面。改革开放是解放和发展生产力的必由之路，是实现中华民族伟大复兴的必由之路。坚持改革开放就是坚持爱国主义。“改革开放是党在新的历史条件下领导人民进行的新的伟大革命”①。改革开放以来，我国社会发生空前的变革，为爱国主义增加了新的内涵，也对其提出了新的要求。首先，改革开放赋予爱国主义更加宽广的视野和包容的心态。江泽民曾经强调：“我们坚持的爱国主义同狭隘的民族主义是有本质区别的。要使我们的人民懂得，坚持对外开放，认真学习世界各民族的长处，积极引进先进的科学技术和经营管理经验，增强我们自力更生的能力，加快祖国的发展，这本身就是爱国主义的重要内容。”② 其次，全球化浪潮中，世界市场的形成、跨国公司的出现、外来文化的冲击，不同程度地淡化了国民的国家意识，消解了其民族身份、文化和政治认同；西方国家大肆宣扬的“中国威胁论”、“意识形态终结论”、“民族国家主权过时论”甚嚣尘上，野蛮干涉我国内政，阻碍祖国统一的事件频频发生，对我国的国家主权安全和意识形态安全构成严峻挑战。高举爱国主义的伟大旗帜，高扬爱国主义、集体主义、社会主义的主旋律，坚守马克思主义在意识形态领域的主导地位，树立强烈的民族自尊心和使命感，自觉保障国家政治、经济、文

---

① 胡锦涛：《在庆祝中国共产党成立90周年大会上的讲话》，载《人民日报》，2011-07-02。

② 《江泽民文选》，第1卷，581～582页。

化安全成为爱国主义新的时代蕴涵。最后，改革开放过程中不可避免地会遇到诸如经济发展的资源环境代价过大、社会保障不健全、收入分配差距偏大、上学难、住房难、看病难以及“藏独”、“台独”、自然灾害等现实问题，爱国主义成为战胜前进道路上的艰难险阻、激发各族人民为中华民族伟大复兴而团结奋斗的强大精神动力。在这一过程中，中国人民所锻造和展现出来的抗洪精神、载人航天精神、抗震救灾精神、奥运精神，作为中华民族精神在新时期的凝结和升华，成为当下爱国主义的最新写照。

重要论述

在当代中国，爱国主义最鲜明的主题就是不断发展中国特色社会主义，在改革开放中加快推进社会主义现代化，全面建设小康社会，把中华民族伟大复兴的宏伟蓝图变成美好现实。

——2009 年，胡锦涛在同中国农业大学师生代表座谈时的讲话

百年中国的历史沧桑，中国近现代时代主题不断转换，中华民族爱国主义内涵也在不断演变。追溯与重现这一历程，我们能够更加深切地感受近代以来中华民族和中国人民为实现国家复兴所历经的艰辛与付出的努力，更加深刻地体会历史和人民是如何选择了马克思主义、选择了中国共产党、选择了社会主义道路、选择了改革开放，更加坚定对中国特色社会主义的自信。重温爱国主义发展的历程，我们也能够更深刻认识当今爱国主义的鲜明主题，更加自觉地投身于当前爱国主义的伟大实践。

推荐阅读材料

费孝通. 中华民族的多元一体格局. 北京大学学报（哲学社会科学版），1989（4）

张怀承. 中华民族爱国主义传统的形成和发展. 求索，2000（5）

牛朴. 试论中国古代爱国主义传统. 云南社会科学，1984（2）

崔健. 试述中国近现代爱国主义精神在不同历史时期的表现. 思想理论教育导刊，2011（11）

周溯源. 试论中华民族的爱国主义传统. 甘肃社会科学，1995（3）

第三章

新时代爱国主旋律

爱国主义是一个历史范畴，各个时代的爱国主义既一脉相承，又不断丰富发展。在社会发展的不同阶段、不同时期，爱国主义具有不同的内涵。爱国主义总是与国家在一定历史时期的总体发展目标或愿景相联系。当前，全国人民正在为实现“两个一百年”奋斗目标和中华民族伟大复兴的中国梦而奋斗。当今中国的爱国主义应该同这伟大的目标和梦想相一致，应该与这时代的旋律相合拍，应该与这人民的诉求相呼应。根据中共中央办公厅印发的《关于培育和践行社会主义核心价值观的意见》，当前培育和践行社会主义核心价值观的指导思想是，高举中国特色社会主义伟大旗帜，以邓小平理论、“三个代表”重要思想、科学发展观为指导，深入学习贯彻党的十八大精神和习近平同志系列讲话精神，紧紧围绕坚持和发展中国特色社会主义这一主题，紧紧围绕实现中华民族伟大复兴中国梦这一目标。当前，实现中国梦是我们中华民族最大的国民共识，促进中国梦的实现就是最好的爱国主义。对当今中国爱国主义价值观内涵的阐释当然也必须应和这一时代的声音。

一、心怀民族复兴的崇高梦想

2012 年 11 月 29 日，党的十八大刚刚闭幕不久，习近平总书记率中共中央政治局常委和中央书记处的同志来到国家博物馆，参观“复兴之路”展览。习近平总书记深情指出：“现在，大家都在讨论中国梦，我以为，实现中华民族伟大复兴，就是中华民族近代以来最伟大的梦想。”此后，他又在十二届全国人大一次会议闭幕会上，在同全国劳动模范代表、各界优秀青年代表座谈时，在出访和接受国外媒体采访等很多重要场合，对中国梦进行了深刻阐述。中华民族伟大复兴的中国梦甫一提出，就释放出强大的号召力和感染力。老百姓热议中国梦，社会舆论聚焦中国梦，海外华人述说中国梦，国际社会关注中国梦。中国梦是一百多年风云激荡中始终不变的时代主题，一代一代中国人顽强追求、矢志不移的宏伟目标。这一梦想回荡着中华民族五千年厚重文明的历史呼唤，凝结着中华民族在饱经忧患之后重新奋起再创辉煌的强烈渴盼，反映了中华民族和中国人民的“共同利益”、“共同期盼”、“共同追求”、“共同愿景”和“共同理想”。中国梦成为回荡在神州大地上的高昂旋律，成为鼓舞各族人民团结奋进的鲜明旗帜，成为指引中华儿女爱国报国的精神灯塔。

中国梦凝聚了几代中国人的夙愿。从雄关漫道、历尽磨难的昨天，到踏上人间正道、发生沧桑巨变的今天，再到长风破浪、披荆斩棘的明天，一百多年的中国近代史是中国人民寻梦、追梦、圆梦的历史旅程。近代以后，列强入侵，内乱横生，中华民族遭受了深重的苦难，付出了巨大的牺牲。但是，为了国家富强、民族复兴，中国人民不屈不挠，奋起抗争。历经上下求索、千辛万苦，中华民族终于在中国共产党的正确领导下，掌握了自己的命运，建立了新中国，确立了社会主义制度，开始了建设自己国家的伟大进程。改革开放以来，我们总结历史经验，不断艰辛探索，终于找到了实现中华民族伟大复兴的正确道路，取得了举世瞩目的伟大成就。在中国特色社会主义道路上，我国经济实力、综合国力大大增强，人民生活显著改善，实现了从温饱不足到总体小康再向全面小康迈进的跨越。国际地位和国际影响力空前提升，中国崛起被国际媒体称为“近年来最重要的全球变革”。经过鸦片战争以来170多年的持续奋斗，中华民族伟大复兴展现出光明的前景。深藏于中国人民心中的民族复兴梦想，宛如朝阳，喷薄而出。正如习近平总书记指出的：“现在，我们比历史上任何时期都更接近中华民族伟大复兴的目标，比历史上任何时期都更有信心、有能力实现这个目标。”中国梦揭示了中华民族的历史命运和当代中国的发展走向，指明了全党全国各族人民共同的奋斗目标。

习近平总书记指出，“中国梦的本质是国家富强、民族振兴、人民幸福”。实现中国梦，意味着中国的经济实力和综合国力、国际地位和国际影响力大大提升，意味着中华民族以更加昂扬向上、文明开放的姿态屹立于世界民族之林，意味着中国人民过上更加富裕安康的幸福生活。中国梦把国家的追求、民族的向往、人民的期盼融为一体，体现了中华民族和中国人民的整体利益，表达了每一个中华儿女的共同愿景。“家是最小国，国是千万家。”中国梦是国家情怀、民族情怀、人民情怀相统一的梦，体现了中华民族固有的“家国天下”的情怀。因此，中国梦具有广泛的包容性，能够引起全国各族人民的普遍共鸣。

中国梦是国家的梦，归根到底是中国各族人民的梦。中国梦体现了我们党高度的历史担当和使命追求，是新一届中央领导集体对全体人民的庄严承诺，是党和国家面向未来的政治宣言。党和政府是中国梦的倡导者，而各族人民才是中国梦的拥有者、创造者和享有者。近代以来，中国人民虽饱受屈辱和磨难，但百折不挠，自强不息，心中始终怀揣复兴崛起的梦想，向往自由幸福的未来。中国梦是一代又一代中国人的美好夙愿。实现中华民族伟大复兴，需要全体中国人民的共同努力和拼搏，中国梦必须紧紧依靠全国各族人民来实现。中国梦表达的是人民的利益和诉求，中国梦的实现也将造福全体人民。因此，中国梦的深厚源泉在于人民，中国梦的实现动力来自人民，中国梦的辉煌成果归于人民。只有使人民“共同享有人生出彩的机会，共同享有梦想成真的机会，共同享有同祖国和时代一起成长与进步的机会”，国家梦、民族梦才有取之不竭的动力源泉，才能最终实现。中国梦既生动表达了国家梦，又鲜明体现了百姓梦，从而成为回荡在全体中国人心中的共同旋律，激发了广大人民的爱国热情。

中国梦是国家的梦、民族的梦，也是每一个中国人的梦。历史告诉我们，每个人的前途命运都与国家和民族的前途命运紧密相连。国家好，民族好，大家才会好。当今时代是放飞梦想的时代，每个人都有自己的美好梦想。从上学就业到住房就医，尊严的保证、事业的成功、价值的实现……13亿个鲜活生动的个人梦想百川归海汇成中国梦。中国梦的广阔舞台，为个人梦想提供了蓬勃生长的空间；每个人向着梦想的不断努力，又都是实现伟大中国梦的重要力量。只要每个人都把人生理想融入国家和民族的伟大梦想之中，敢于有梦、勇于追梦、勤于圆梦，就会汇聚成实现中国梦的强大力量。

二、坚定中国特色社会主义自信

道路决定命运。没有正确的道路，再美好的愿景、再伟大的梦想，都不能实现。实现中国梦必须走中国道路，这就是中国特色社会主义道路。习近平总书记指出，中国特色社会主义“这条道路来之不易，它是在改革开放30多年的伟大实践中走出来的，是在中华人民共和国成立60多年的持续探索中走出来的，是在对近代以来170多年中华民族发展历程的深刻总结中走出来的，是在对中华民族5 000多年悠久文明的传承中走出来的，具有深厚的历史渊源和广泛的现实基础”。历史和现实充分证明，无论是封闭僵化的老路，还是改旗易帜的邪路，都是绝路、死路。只有中国特色社会主义道路才能发展中国、富强中国，这是一条通往复兴梦想的康庄大道、人间正道。中华民族是具有非凡创造力的民族，我们创造了伟大的中华文明，我们也能够继续拓展和走好适合中国国情的发展道路。新时期弘扬爱国主义应该同坚持党的领导、坚持中国特色社会主义结合起来。在当今中国，坚定对中国特色社会主义的道路自信、理论自信、制度自信，维护安定团结的政治局面，是爱国主义的最深刻的时代内涵和最本质的时代要求。

从空想到科学、从理论到实践、从一国实践到多国发展，世界社会主义经过了五百多年的历史过程。从社会主义思想的传播到中国特色社会主义的发展，我国社会主义也经过了近百年的过程。从开创到今天，中国特色社会主义也已经走过了30多年的历程。历史和实践告诉我们：只有社会主义才能救中国，只有中国特色社会主义才能发展中国；中国特色社会主义，是中国共产党和中国人民团结的旗帜、奋进的旗帜、胜利的旗帜，是当代中国发展进步的根本方向。

新中国成立后，以毛泽东为核心的党的第一代中央领导集体带领全党全国各族人民，创造性地进行社会主义改造，建立起社会主义基本制度，并在吸取苏联经验教训的基础上，独立探索适合中国国情的社会主义建设道路。虽然在探索社会主义历程中遭受过严重挫折，但我们党也在社会主义建设方面取得了许多积极成果，为后来开创中国特色社会主义提供了宝贵经验、理论准备和物质基础。党的十一届三中全会以后，以邓小平为核心的党的第二代中央领导集体，以巨大的政治勇气提出进行改革开放，以巨大的理论勇气提倡进行理论创新。经过实践探索和深入思考，邓小平就什么是社会主义、怎样建设社会主义这类重大问题给出了自己的回答，创立了邓小平理论，开创了中国特色社会主义。党的十三届四中全会以后，以江泽民同志为核心的党的第三代中央领导集体，在国内外形势十分复杂、世界社会主义出现严重曲折的严峻考验面前捍卫了中国特色社会主义，创立了“三个代表”重要思想，开创了全面改革开放新局面，把中国特色社会主义推向21世纪。新世纪新阶段，以胡锦涛同志为总书记的党中央，强调坚持以人为本、全面协调可持续发展，提出构建社会主义和谐社会、加快生态文明建设，形成中国特色社会主义事业总体布局，着力保障和改善民生，促进社会公平正义，推动建设和谐世界，推进党的执政能力建设和先进性建设，形成了科学发展观，成功在新的历史起点上坚持和发展了中国特色社会主义。

重要论述

> 中国特色社会主义不是从天上掉下来的，是党和人民历尽千辛万苦、付出各种代价取得的根本成就。
>
> ——习近平

中国特色社会主义道路是一步一步走过来的，有一个不断探索和逐步完善的历史过程。2013 年 12 月，习近平总书记在纪念毛泽东同志诞辰 120 周年座谈会上指出："一切向前走，都不能忘记走过的路；走得再远、走到再光辉的未来，也不能忘记走过的过去。"我们要正确看待改革开放前后两个不同历史时期的关系。不能用改革开放后的历史时期否定改革开放前的历史时期，也不能用改革开放前的历史时期否定改革开放后的历史时期。我们要牢固树立正确的历史观，既不能割断历史，也不能虚无历史。习近平总书记在新进中央委员会的委员、候补委员学习贯彻党的十八大精神研讨班上的讲话中指出，"这是两个相互联系又有重大区别的时期，但本质上都是我们党领导人民进行社会主义建设的实践探索"。中国特色社会主义是在改革开放历史新时期开创的，但也是在新中国已经建立起社会主义基本制度并进行了 20 多年建设的基础上开创的。改革开放前的社会主义实践探索为改革开放后的社会主义实践探索积累了条件，改革开放后的社会主义实践探索是对前一个时期的坚持、改革和发展。

那么，什么是中国特色社会主义呢？习近平总书记在新进中央委员会的委员、候补委员学习贯彻党的十八大精神研讨班上的讲话中指出："我们党始终强调，中国特色社会主义，既坚持了科学社会主义基本原则，又根据时代条件赋予其鲜明的中国特色。这就是说，中国特色社会主义是社会主义，不是别的什么主义。"说中国特色社会主义是社会主义，那就是不论怎么改革、怎么开放，我们都始终坚持科学社会主义基本原则，牢牢把握社会主义前进方向。在中华民族面临生死存亡的近代时期，各种主义和思潮都实验过，资本主义道路没有走通，其他五花八门的主义也都无力解决中国的前途和命运问题。正如邓小平所言："这个历史告诉我们，中国走资本主义道路不行，中国除了走社会主义道路没有别的道路可走。"是科学社会主义理论引导中国人民走出了漫漫长夜，建立了新中国，使中华民族走上了一条快速发展的康庄大道。事实充分说明，只有社会主义才能救中国，只有中国特色社会主义才能发展中国。

中国特色社会主义的关键在于，它具有鲜明的中国特色。2012 年 11 月，习近平总书记在中共中央政治局第一次集体学习时指出，"中国特色社会主义特就特在其道路、理论体系、制度上，特就特在其实现途径、行动指南、根本保障的内在联系上，特就特在这三者统一于中国特色社会主义伟大实践上"。具体说来，中国特色社会主义的特色之处在于，在中国共产党领导下，立足基本国情，以经济建设为中心，坚持四项基本原则，坚持改革开放，解放和发展社会生产力，建设社会主义市场经济、社会主义民主政治、社会主义先进文化、社会主义和谐社会、社会主义生态文明，促进人的全面发展，逐步实现全体人民共同富裕，建设富强民主文明和谐的社会主义现代化国家；坚持人民代表大会制度这一根本政治制度，中国共产党领导的多党合作和政治协商制度、民族区域自治制度以及基层群众自治制度等基本政治制度，中国特色社会主义法律体系，公有制为主体、多种所有制经济共同发展的基本经济制度。习近平总书记指出："这些都是在新的历史条件下体现科学社会主义基本原则的内容，如果丢掉了这些，那就不成其为社会主义了。"

事实胜于雄辩。道路是否走得对、走得怎么样，最终要靠事实来说话。新中国成立 60 多年特别是改革开放 30 多年来，我国综合国力大幅提升，人民生活水平显著提高，国际地位空前提升。中国崛起被国际媒体称为"近年来最重要的全球变革"。1979 年到 2012

年，国内生产总值年均增长 9.8%，远高于同期世界经济年均 2.8% 的增速，经济总量跃居世界第二，成功实现从低收入国家向中等偏上收入国家的跨越，创造了人类发展史上的奇迹。习近平总书记指出："今天之中国，同新中国成立以前之中国相比，同鸦片战争以后之中国相比，有天壤之别啊!"同欧美一些国家受困于金融危机、债务危机相比，同一些发展中国家陷入发展陷阱相比，同西亚北非一些国家政治动荡、社会混乱相比，我国发展可以说是"风景这边独好"。事实雄辩地证明：中国特色社会主义这条路，走得对、走得好。中国特色社会主义是植根于中国大地、反映中国人民意愿、适应中国和时代发展进步要求的科学社会主义。如果说社会主义历经高潮与低潮、成功与挫折的历程，是一部气势恢宏、跌宕起伏的交响乐，那么中国特色社会主义就是这部雄浑交响乐的华彩乐章。

当然，中国特色社会主义实践没有完成时，只有进行时。中国特色社会主义是不断发展、不断前进的，需要一代又一代中国共产党人带领人民接续奋斗。习近平总书记指出："坚持和发展中国特色社会主义是一篇大文章，邓小平同志为它确定了基本思路和基本原则，以江泽民同志为核心的党的第三代中央领导集体、以胡锦涛同志为总书记的党中央在这篇大文章上都写下了精彩的篇章。现在，我们这一代共产党人的任务，就是继续把这篇大文章写下去。"这是新一届中央领导集体的庄严承诺。中国特色社会主义是前无古人的伟大事业，前进的道路上不可能一帆风顺。我们还有很多尚待澄清的问题和亟待解决的难题，而且随着中国特色社会主义事业的发展，新情况新问题会不断增多，面临的风险和挑战也会越来越多。这一切都需要我们在实践中大胆探索、深化发展。中国特色社会主义需要不断发展和完善。2013 年 6 月，习近平总书记在中共中央政治局第七次集体学习时强调，面对党和国家事业发展新要求，重温党和人民共同走过的光辉历程，要提高对坚持和发展中国特色社会主义的认识，在新的历史条件下把党和国家各项事业继续推向前进。

我们欣喜地看到，党的十八大以来，以习近平同志为总书记的党中央，深入贯彻党的十八大精神，高举中国特色社会主义伟大旗帜，以邓小平理论、“三个代表”重要思想、科学发展观为指导，统筹国内国际两个大局，统筹伟大事业伟大工程，以中国梦凝聚力量，以抓改革激发活力，以改作风振奋人心，励精图治、攻坚克难，带领全党全国各族人民取得新成就、形成新风气、开创新局面，得到了广大干部群众的衷心拥护和国际社会的高度评价。习近平同志围绕坚持和发展中国特色社会主义、实现中华民族伟大复兴的中国梦，围绕推进经济建设、政治建设、文化建设、社会建设、生态文明建设，围绕推进国防和军队建设、祖国统一、外交工作等，围绕从严管党治党、全面提高党的建设科学化水平，提出许多富有创见的新思想新观点新论断新要求，深刻回答了新形势下党和国家发展的一系列重大理论和现实问题，深入阐释了党的十八大精神，进一步升华了我们党对中国特色社会主义规律和马克思主义执政党建设规律的认识。我们有理由相信，新一届中央领导集体也一定会在中国特色社会主义这篇大文章中写下华彩篇章。

经过无数的挫折和艰辛的探索，我们好不容易走出了一条中国特色社会主义成功之路，理应倍加珍惜，坚定不移地大踏步走下去。我们的确需要学习国外先进的政治理念和治国思路，但也不能妄自菲薄，不能数典忘祖，不能罔顾中国国情而照抄照搬。我们要有一种咬定青山不放松的定力。我们不能被各种别有用心的鼓噪乱了自己的方寸。在当今中国，对于每个普通公民来说，充分肯定我们过去取得的成就，坚定中国特色社会主义的道路自信、理论自信和制度自信，自觉维护来之不易的安定团结的政治局面，就是最给力的爱国主义。

重要论述

站立在九百六十万平方公里的广袤土地上，吸吮着中华民族漫长奋斗积累的文化养分，拥有十三亿中国人民聚合的磅礴之力，

> 我们走自己的路，具有无比广阔的舞台，具有无比深厚的历史底蕴，具有无比强大的前进定力。
>
> ——习近平

我们可以说，在今天的中国，坚定中国特色社会主义自信的一定是爱国者。那么，我们能不能说，爱国者一定相信中国特色社会主义呢？对于这个问题，我们要具体情况具体分析。对于社会主义制度下的中国公民来说，爱国主义的确是与社会主义高度一致的，离开了社会主义，爱国主义就失去了核心内容和政治方向。正如邓小平所说的那样："有人说不爱社会主义不等于不爱国。难道祖国是抽象的吗？不爱共产党领导的社会主义的新中国，爱什么呢？"但是对于港、澳、台地区以及海外的华人来说，认同中国特色社会主义仅仅是爱国主义的一个必要条件。我们并不要求所有的爱国人士都赞成社会主义制度。在谈到香港同胞的爱国问题时，邓小平曾指出："什么叫爱国者？爱国者的标准是，尊重自己民族，诚心诚意拥护祖国恢复行使对香港的主权，不损害香港的繁荣和稳定。只要具备这些条件，不管他们相信资本主义，还是相信封建主义，甚至相信奴隶主义，都是爱国者。我们不要求他们都赞成中国的社会主义制度，只要求他们爱祖国，爱香港。"① 显然，爱不爱社会主义并不是衡量他们是否爱国的标准。因此，"港澳、台湾、海外的爱国同胞，不能要求他们都拥护社会主义，但是至少也不能反对社会主义的新中国，否则怎么叫爱祖国呢？至于对中华人民共和国领导下的每一个公民，每一个青年，我们的要求当然要更高一些"②。通过对新中国成立 60 多年特别是改革开放 30 多年来的观察和体验，港、澳、台和海外同胞赞同中国特色社会主义的人越来越多。一些人虽然对中国特色社会主义存有疑虑，甚至在某些方面不赞成，但只要他们赞成"一国

---

① 《邓小平文选》，1 版，第 3 卷，61 页，北京，人民出版社，1993。

② 《邓小平文选》，2 版，第 2 卷，392 页，北京，人民出版社，1994。

两制”，反对国家分裂，就不属于非爱国主义者，我们就应该加强同他们的团结。这样一来，我们就可以形成最广泛的爱国统一战线，调动一切可以争取的力量，最大限度地推进中国特色社会主义事业。只要我们的国家强大了，事业发展了，持不同政治态度的人也会转变立场。相反，如果我们动摇对中国特色社会主义的自信，丧失安定团结的大好局面，导致国力衰败，爱国主义力量和阵营就有可能崩溃。因此，我们应该坚定信心，勇往直前，把中国特色社会主义事业做大做强，力争早日实现中华民族伟大复兴的中国梦。

三、坚决拥护和参与改革开放

改革是人类社会发展的重要动力。纵观两千多年的中国历史，社会正是在不断改革中发展进步的。中国历史上有作为的政治家，大多是致力于改革现状的改革家。虽然带有时代和阶级的限制性，只能提出某些改良措施，但是他们都希望通过改革达到富国强兵的目的，在客观上推动了社会进步，反映了人民一定程度的愿望，因而也都是爱国主义者。

春秋时齐国大夫晏婴，提出了“利于国者爱之，害于国者恶之”的爱憎观，出使楚国，不卑不亢，将个人安危置之度外，智斗楚王，维护了齐国的尊严。郑国大夫子产因改革弊政受时人攻击，但他无私无畏，拍案而起：“何害！苟利社稷，死生以之！”战国时期的商鞅，为了秦国的强盛，厉行变法，“圣人苟可以强国，不法其故；苟可以利民，不循其礼”。他本人虽身遭车裂，但其变法促进了秦的强大，为日后秦统一中国奠定了基础。楚国的吴起、魏国的李悝，都是杰出的改革家。他们的变法都促进了本国的强大，吴起还为变法献出了生命。宋代的政治家、文学家范仲淹，“先天下之忧而忧，后天下之乐而乐”，不顾个人安危，发起了“庆历新政”的改革，推动了社会的进步。王安石为变法，顶天立地，“天变不足畏，祖宗不足法，人言不足恤”。明代大臣于谦，“一寸丹心图报国”，“一以国家为己任，勿谓身家之私谋”，他任监察御史、地方巡抚期间，平反冤狱，赈济灾荒，有口皆碑。明代首辅张居正，“忘家殉国，遑恤其他”，“虽机阱满前、众镞攒体，孤不畏也”。他厉行改革十年，卓有成效，死而无憾。“丈夫所志在经国，期使四海皆衽席”的大清官海瑞，“见天下之有饥寒疾苦者必哀之，见天下之有冤抑沉郁不得其平者必为忿之”。

到了近代，思想家龚自珍猛烈批判封建制度的弊端，“我劝天公重抖擞，不拘一格降人才”。思想家、史学家魏源，“不忧一家寒，所忧四海饥”，为改变祖国落后挨打的局面，编写了《海国图志》等巨著，提出了“师夷长技以制夷”的救国良方。到了晚清，硕学鸿儒康有为，“忧时七上皇帝书”，促成了戊戌变法。他的学生梁启超，“以爱国相砥砺，以救亡为己任”。变法失败后，谭嗣同临危不避，“我自横刀向天笑”，甘愿用自己的热血为后人开路。女革命家秋瑾，“身不得，男儿列；心却比，男儿烈”，“叹息风云多变幻，存亡家国总关情”，写下了“拼将十万头颅血，须把乾坤力挽回”的钢铁誓言，为民主革命献出了年轻的生命。伟大的革命家孙中山，抱定“亟拯斯民于水火，切扶大厦之将倾”的宗旨，响亮地提出“振兴中华”的口号，领导起义十多次，浴血奋战 17 年，终于推翻清王朝，建立起中华民国。尔后，又继续革命，维护共和，直到弥留之际还呼喊：“和平，奋斗，救中国……”被称为“民族魂”的鲁迅，青年时代便立下了“我以我血荐轩辕”的爱国志向，一生“横眉冷对千夫指，俯首甘为孺子牛”，为了祖国的革新与进步，在思想文化战线冲锋陷阵，呕心沥血，死而后已。

十月革命后，以毛泽东为代表的老一辈无产阶级革命家由革命民主主义者逐渐成为共产主义者，按照马克思主义的理论和实践来变革现实，推翻半殖民地半封建社会的旧中国，建立了新中国，并在社会主义改造和建设方面取得了许多积极成果。20 世纪 70 年代末，以邓小平为核心的党的第二代中央领导集体在对“文化大革命”进行深刻反思、对中国发展落后进行深刻反思、对国际形势进行深刻反思的基础上，以巨大的政治勇气作出实行改革开放的历史性决策。中国改革开放的实践证明，改革开放是社会发展的强劲推动力。经过 30 多年改革开放的伟大实践，中国从一个相对落后的发展中国家一跃成为全球第二大经济体、第一大出口国，拥有数额最庞大的外汇储备，人民生活水平得到极大提高，总体上实现了小康社会的战略目标。现在，我们比历史上任何时期都更接近实现中华民族伟大复兴的目标，比历史上任何时期都更有信心、更有能力实现这个目标。30 多年来，中国人民的面貌、社会主义中国的面貌、中国共产党的面貌能发生如此深刻的变化，我国能在国际社会赢得举足轻重的地位，靠的就是坚持不懈地推进改革开放。实践充分证明，改革开放是党和人民事业大踏步赶上时代的重要法宝，是党和国家保持生机活力的关键，是当代中国最鲜明的特色，也是当代中国共产党人最鲜明的品格。没有改革开放，我们就不可能有今天这样的大好局面。

改革开放是决定当代中国命运的关键一招，也是决定实现“两个一百年”奋斗目标、实现中华民族伟大复兴中国梦的关键一招。改革开放是我们党的历史上一次伟大觉醒，孕育了新时期从理论到实践的伟大创造。改革开放只有进行时没有完成时。习近平总书记强调，“在整个社会主义现代化进程中，我们都要高举改革开放的旗帜，决不能有丝毫动摇”，“全党要坚定改革信心，以更大的政治勇气和智慧、更有力的措施和办法推进改革”。这是顺应当今世界发展大势的必然选择。综观世界，变革是大势所趋、人心所向，是浩浩荡荡的历史潮流。现在世界各国都在加快推进变革，特别是新一轮科技革命和产业变革正在孕育兴起。在这样的形势下，要全面建成小康社会、实现中华民族伟大复兴的中国梦，必须认清形势、居安思危、奋起直追。停顿和倒退没有出路，思想僵化、故步自封，必将被时代所淘汰。

这是适应我国发展新要求和人民新期待的必然选择。我国发展面临一系列突出矛盾和挑战，前进道路上还有不少困难和问题。比如：发展中不平衡、不协调、不可持续问题依然突出，科技创新能力不强，产业结构不合理，发展方式依然粗放，城乡区域发展差距和居民收入分配差距依然较大，社会矛盾明显增多，教育、就业、社会保障、医疗、住房、生态环境、食品药品安全、安全生产、社会治安、执法司法等关系群众切身利益的问题较多，部分群众生活困难，形式主义、官僚主义、享乐主义和奢靡之风问题突出，一些领域消极腐败现象易发多发，反腐败斗争形势依然严峻，等等。要破解发展中面临的难题、化解来自各方面的风险挑战，推动经济社会持续健康发展，除了深化改革，别无他途。

这是抓住机遇、抢占未来发展制高点的必然选择。抓住和用好机遇，对党和国家发展具有决定性意义。现在，我国国际环境总体稳定，国际地位和影响力不断提升，塑造国际关系和国际秩序的能力大幅提高；我们在改革开放中积累了丰富实践经验和理论成果，对中国特色社会主义规律的认识不断深化；全党全国各族人民在实现中华民族伟大复兴的中国梦上精气神高涨。总体来看，主客观条件都对我们全面深化改革有利。这个历史性机遇千载难逢，抓住就能赢得战略主动，否则就有可能陷于被动。我们必须增强机遇意识，通过全面深化改革，充分发挥我们的独特优势，激发党和国家的生机活力。

当前，我们的改革到了一个新的历史关头。习近平总书记指出："中国改革经过三十多年，已进入深水区，可以说，容易的、皆大欢喜的改革已经完成了，好吃的肉都吃掉了，剩下的都是难啃的硬骨头。"这其中，有的牵涉复杂的部门利益，有的在思想认识上难以统一，有的要触动一些人的"奶酪"，有的需要多方面配合、多措施并举。矛盾越大，问题越多，越要攻坚克难、勇往直前。必须一鼓作气、坚定不移，必须坚定信心、增强勇气，敢于啃硬骨头，敢于涉险滩，敢于向积存多年的顽瘴痼疾开刀，坚决打好全面深化改革这场攻坚战。

要勇于冲破思想观念的障碍，勇于突破利益固化的藩篱。破除妨碍改革发展的那些思维定式，顺应潮流、与时俱进，做好承受改革压力和改革代价的思想准备，对党和人民事业有利的，对最广大人民有利的，对实现党和国家兴旺发达、长治久安有利的，该改的就要坚定不移改。改革必然触及利益，碰到各种复杂关系的羁绊，要有勇气、有胆识、有担当，敢于出招、敢于得罪人、敢于突破既得利益，真正让改革落地。

如果说在革命战争年代那些为中华民族的独立抛头颅洒热血、前赴后继的仁人志士是真正的爱国主义者，那么在新时期那些为中华民族的复兴敢啃硬骨头、敢涉险滩的改革弄潮儿也是当之无愧的爱国主义者。坚定中国特色社会主义信念，全面深化改革，是当今一切真正的爱国主义者所应当担负的崇高历史使命。在当代中国，是否坚定地拥护改革开放、积极地参与改革开放，也是判断一个人是否爱国的重要标准之一。

四、坚决维护国家核心利益

“国家利益”这个范畴在不同国家和不同历史时期有不同的内容，也受到国家性质、政治制度和意识形态的制约。国家核心利益是国家利益的核心组成部分，是国家的最高利益，攸关国家和民族的生死存亡。中国国家核心利益关系到中国国家主权和领土完整、国家安全和国家统一，关系到国家制度和社会大局的稳定，是经济社会可持续发展的基本保障。2013 年 1 月，习近平总书记在中共中央政治局第三次集体学习时指出："我们要坚持走和平发展道路，但决不能放弃我们的正当权益，决不能牺牲国家核心利益。任何外国不要指望我们会拿自己的核心利益做交易，不要指望我们会吞下损害我国主权、安全、发展利益的苦果。"中国坚定不移走和平发展道路，始终不渝倡导合作共赢理念，但也绝不允许我们国家的核心利益受到丝毫损害。维护和捍卫国家利益特别是国家核心利益，是所有国家政府的神圣使命，也是判别普通公民是否真正"爱国"的试金石。

（一）维护祖国统一

实现祖国的完全统一，是海内外全体中华儿女的共同夙愿。邓小平指出："爱国一家，走祖国统一的道路，就有功于民族，有益于人民。"① 香港、澳门回归以来，走上了同祖国内地优势互补、共同发展的宽广道路，"一国两制"的成功实践是举世公认、毋庸置疑的。我们要充分认识到，中央政府对香港、澳门实行的各项方针政策，根本宗旨是维护国家主权、安全、发展利益，保持香港、澳门长期繁荣稳定。全面准确贯彻"一国两制"、"港人治港"、"澳人治澳"、高度自治的方针，必须把坚持一国原则和尊重两制差异、维护中央权力和保障特别行政区高度自治权、发挥祖国内地坚强后盾作用和提高港澳自身竞争力有机结合起来，任何时候都不能偏废。我们也要相信，中央政府过去、现在和将来都会严格依照基本法办事，极力完善与基本法实施相关的制度和机制，坚定支持特别行政区行政长官和政府依法施政，带领香港、澳门各界人士集中精力发展经济、切实有效改善民生、循序渐进推进民主、包容共济促进和谐，深化内地与香港、澳门经贸关系，推进各领域交流合作，促进香港同胞、澳门同胞在爱国爱港、爱国爱澳旗帜下的大团结，防范和遏

① 《邓小平文选》，2版，第2卷，206页。

制外部势力干预港澳事务。我们坚信，香港同胞、澳门同胞不仅有智慧、有能力、有办法把特别行政区管理好、建设好，也一定能在国家事务中发挥积极作用，同全国各族人民一道共享做中国人的尊严和荣耀。

解决台湾问题、实现祖国完全统一，是不可阻挡的历史进程。和平统一最符合包括台湾同胞在内的中华民族的根本利益。只要全体中华儿女携手努力，就一定能在同心实现中华民族伟大复兴进程中完成祖国统一大业。实现和平统一首先要确保两岸关系和平发展。要从中华民族整体利益的高度把握两岸关系大局，倡导“两岸一家亲”的理念，坚持“和平统一、一国两制”方针，坚持发展两岸关系、推进祖国和平统一进程的八项主张，全面贯彻两岸关系和平发展重要思想，巩固和深化两岸关系和平发展的政治、经济、文化、社会基础，为和平统一创造更充分的条件。我们要始终坚持一个中国原则。大陆和台湾虽然尚未统一，但两岸同属一个中国的事实从未改变，国家领土和主权从未分割，也不容分割。两岸双方应恪守反对“台独”、坚持“九二共识”的共同立场，增进维护一个中国框架的共同认知，在此基础上求同存异。对台湾任何政党，只要不主张“台独”、认同一个中国，我们都愿意同其交往、对话、合作。在历史上，台湾同胞同大陆同胞一道为发展祖国经济和文化、抵御外来侵略作出了巨大贡献。台湾同胞具有光荣的爱国主义传统，是发展两岸关系的重要力量。解决台湾问题、实现祖国的完全统一，我们寄希望于台湾人民。两岸同胞同属中华民族，是血脉相连的命运共同体，理应相互关爱信赖，共同推进两岸关系，共同享有发展成果。凡是有利于增进两岸同胞共同福祉的事情，我们都要尽最大努力做好。我们要切实保护台湾同胞权益，团结台湾同胞维护好、建设好中华民族共同家园。我们坚决反对“台独”分裂图谋。中国人民绝不允许任何人任何势力以任何方式把台湾从祖国分割出去，这是每个中国人应有的立场、态度和政治要求，同时也是衡量是否爱国的重要标准。

（二）维护民族团结和社会稳定

中国是一个团结统一的多民族国家，各民族前途命运与祖国命运紧密联系在一起。中华民族伟大复兴的中国梦是全国各族人民的梦。实现中国梦，符合全国各族人民的根本利益，得到了各族人民的衷心拥护。各民族团结奋斗、共同繁荣既是中华民族的立身之本、生命之依，也是当代中国追梦圆梦的力量之源、希望所在。当前，爱国主义的一个重要内涵就是要维护国家的统一和稳定，而搞好民族团结是保持统一和稳定的重要方面。民族团结，社会稳定；民族分裂，稳定无望。只有搞好民族团结，才能把各民族的利益与国家利益统一起来，大家才能心往一处想、劲往一处使。民族团结、社会稳定、共同发展已成为民心所向和各族群众普遍的价值追求。现时期，反对分裂，维护民族团结，是爱国主义的重要表现，也是爱国主义教育的重要内容。

民族大团结是我国各族人民的生命线，是我们事业胜利的基本保证。在我国历史上，虽然出现过民族对立甚至相互仇杀的现象，但是各族人民和谐相处、包容团结的局面是长期的和主要的。我国是一个统一的多民族国家，中华民族是我国56个民族的总称。56个民族共同创造了中华民族的历史和文明。正如胡锦涛同志指出的："我国是各族人民共同缔造的统一的多民族国家，我国各族人民的大团结具有深厚的历史渊源和广泛的现实基础。在漫长的历史进程中，我国各族人民密切交往、相互依存、休戚与共，形成了中华民族多元一体的格局，共同推动了国家发展和社会进步。"新中国成立60多年来，在中国共产党的领导下，我们已经形成了民族团结大好局面。如今，56个民族在一个大家庭里和睦相处、共同繁荣，在长期的革命和建设实践中，已经形成了你中有我、我中有你，彼此不能分离的历史事实。汉族离不开少数民族、少数民族离不开汉族、各少数民族之间也相互离不开的思想日益深入人心。每一个爱国者都应当珍惜、发展和巩固这一成果，维护平等团结互助和谐的社会主义民族关系，不断增强中华民族的凝聚力和向心力。我们在政治上要相互关心，共同进步；在经济上要相互支援，共谋发展；在文化教育上要加强交流，追求先进；在现实生活中，不利于民族团结的话不说，不利于民族团结的事不做。每一个爱国的人，都应该把做民族团结的模范当成自己的光荣职责，这样整个国家才能安定团结，也才能为经济发展和社会进步赢得条件。习近平同志在新疆考察时指出："要把民族团结紧紧抓在手上，坚持正确的祖国观、民族观，全面贯彻党的民族政策，牢牢把握各民族共同团结奋斗、共同繁荣发展的主题，促进各民族和睦相处、和衷共济、和谐发展。"

重要论述

我们的国家，是世界各国中统一历史最长的大国。中间也有过几次分裂，但总是短暂的。这说明，中国的各族人民，热爱团结，维护统一，反对分裂。分裂不得人心。

——毛泽东

要正确认识和处理爱本民族与爱中华民族的关系。爱本民族是爱中华民族的基础，爱中华民族是爱本民族的最高境界，共同统一在各民族的根本利益之中。一个爱国者，不仅要爱自己的民族，而且要爱整个中华民族。不同的民族有着不同的民族感情，也会通过某些方式释放各自不同的民族感情，这是无可厚非的。但是，只有深深地扎根于爱国主义的土壤，民族感情才能避免走向狭隘的民族主义。离开了爱国主义的丰厚土壤，正确释放民族感情也就失去了前提。民族分裂主义就是对本民族感情的一种错误释放，严重破坏了各族人民团结和谐的局面。除了民族感情，民族分裂主义也有一套自己的"理论"。他们认为，有多少个民族，就应该有多少个国家。如果一个国家包含多个民族，就必然会出现民族压迫。他们进而在政治上主张西藏和新疆的独立，成立所谓的藏族的“雪山狮子国”和维吾尔族的“伊斯兰国家”。民族分裂主义的这种论调是完全站不住脚的。世界上有 2 000 多个大大小小的民族，但国家却只有不到 200 个。在全球化的大背景下，那种完全没有任何异族成分的纯粹的“单一民族国家”是根本不存在的。那些在国际上通过各种方式支持我国民族分裂势力的国家也都是多民族国家，它们也不会听任本国的民族分离和独立。美国黑人的独立，英国的英格兰、威尔士甚至爱尔兰的独立，对于这些国家来说都是不可想象的。另外，我们国家一贯坚持马克思主义民族平等的原则，不仅在国际上国与国之间坚持民族平等，在国内各民族之间也主张一律平等，既要反对大汉族主义，同时也要反对地方民族主义，根本不存在民族压迫和歧视的问题。因而，民族分离主义的政治主张是没有任何根据的。

要正确认识和处理爱宗教与爱祖国的关系。一个宗教信仰者热爱自己的宗教是无可非议的，然而更应该热爱养育自己的祖国。宗教是一种信仰，是公民个人的私事，而国家的事则是公事，是全民族的大事。一个人可以不信仰宗教，但不可以没有祖国。一个人可以选择不同的宗教，但养育了自己的祖国却是不能选择的。爱国是做一个好宗教信仰者的前提，一个不爱国的人，也绝不可能真正爱教；一个真正热爱自己宗教的人，首先应当是一个爱国者。我们要坚决反对以宗教信仰为幌子的各种宗教极端主义。2000 年，《世界宗教与精神领袖千年和平大会宣言》指出：“我们的世界被暴力、灾难、战争和各种毁灭行为所破坏，而这些行为常常被说成‘以宗教的名义’。”宗教极端主义与宗教之间存在本质的区别。宗教极端主义是极端主义盗用了宗教旗号，对宗教教义进行歪曲和偏激的阐释，用绝对化的观点煽动宗教狂热，制造教派之间、宗教之间、民族之间的矛盾，其本质是反社会、反科学、反人类的。宗教极端主义不仅违反国法国策，也违反了教义教规，既祸国也害教。中共中央总书记习近平在主持中共中央政治局第十四次集体学习时和在新疆考察期间明确指出，继续发扬爱国爱民的优良传统，旗帜鲜明反对宗教极端思想。反恐怖斗争需要发挥爱国宗教人士的作用，加强对信教群众的正面引导，既满足他们的正常宗教需求，又有效抵御宗教极端思想的渗透；要坚定不移相信和依靠各族干部群众，团结他们一道维护民族团结和社会稳定。

延伸阅读

中国藏传佛教领袖、班禅额尔德尼·确吉坚赞大师，一生维护祖国统一增强民族团结，是宗教界的光辉榜样。新中国一成立，他便致电祝贺，表达对共产党和人民政府的“拥护爱戴之忱”。1951年，他积极支持和推动和平解放西藏的谈判。在历次西藏分裂与反分裂的斗争中，他都站在祖国和人民一边，同叛乱分子、分裂主义者进行坚决的斗争。他多次讲：“我维护祖国统一的立场是坚定不移的，对于分裂祖国的行径，我过去反对，现在反对，将来也反对，我愿为维护祖国统一的伟大事业作出最大的牺牲。”他不愧为伟大的爱国主义者。

要坚决打击各种形式的恐怖主义行径。近年来，从西藏和新疆的打砸抢烧严重恐怖暴力犯罪事件，到天安门金水桥撞车事件和昆明火车站恐怖事件，中国正遭受着前所未有的恐怖主义的严重威胁。暴力恐怖分子疯狂残暴的行径暴露了他们反社会、反人类、反文明的狰狞面目，对人民生命财产安全造成了严重侵害，是对社会和谐安定的极大破坏，是对人类文明共同底线的公然挑衅。他们妄图通过制造恐慌、混乱达到破坏祖国统一和民族团结、干扰改革和发展大局的险恶目的。我们与暴力恐怖主义的斗争，既不是民族问题，也不是宗教问题，而是一场捍卫祖国统一、维护民族团结的你死我活的政治斗争。对各种暴恐犯罪活动，必须采取零容忍的态度，坚决依法打击、从严惩处，绝不姑息、绝不手软。一切有正义有良知的爱国者都应该为打击恐怖主义作出自己力所能及的贡献。

我们要共同筑起铜墙铁壁，使暴力恐怖分子成为“过街老鼠，人人喊打”。

总之，维护民族团结、维护祖国统一、维护社会稳定必须旗帜鲜明地反对民族分裂势力、宗教极端势力和暴力恐怖势力，这是国家最高利益之所在，是全国各族人民的利益之所在，是爱国主义的重要内容之所在，也是每个公民热爱祖国的历史使命和时代责任。

实现中国梦必须凝聚中国力量，这就是全国各族人民大团结的力量。各族人民大团结的力量，是克服各种困难、战胜风险挑战的决定性因素。中国这么大一个国家，就像是在大海中航行的一艘超级巨轮，我们 56 个民族都是这艘巨轮上的“梦之队”成员，都是中国梦的参与者、书写者，都应当同舟共济、齐心协力，推动“中华号”巨轮乘风破浪、奋力前行。生活在我们伟大祖国和伟大时代的各族人民，共同享有人生出彩的机会，共同享有梦想成真的机会，共同享有同祖国和时代一起成长与进步的机会。“利莫大于治，害莫大于乱。”这既是中华民族从治乱离合的历史中得出的宝贵经验，也是新形势下应该时刻牢记的至理名言。只有坚定地推动全国各族人民共同团结奋斗、共同繁荣发展，才能保障中国的长治久安和繁荣发展，为实现中国梦提供根本保证。

（三）捍卫国家领土主权

当今世界正在发生深刻复杂变化。和平与发展仍是时代主题，和平、发展、合作、共赢成为不可阻挡的时代潮流。我们要始终不渝地走和平发展的道路。和平发展是中国特色社会主义的必然选择。习近平在中共中央政治局第三次集体学习时强调指出：走和平发展道路，是我们党根据时代发展潮流和我国根本利益作出的战略抉择。中国将通过争取和平国际环境发展自己，又以自身发展维护和促进世界和平。只有坚持走和平发展道路，只有同世界各国一道维护世界和平，中国才能实现自己的目标，才能为世界作出更大贡献。

中国走和平发展道路的自信和自觉，来源于中华文明的深厚渊源，来源于对实现中国发展目标条件的认知，来源于对世界发展大势的把握。有着五千多年历史的中华文明始终崇尚和平，和平、和睦、和谐的追求深深植根于中华民族的精神世界之中，深深融入中国人民的血脉之中。中国自古就提出了“国虽大，好战必亡”的箴言，“以和为贵”、“和而不同”、“化干戈为玉帛”、“国泰民安”、“睦邻友邦”、“天下太平”、“天下大同”等理念世代相传。中国历史上曾经长期是世界上最强大的国家之一，但没有留下殖民和侵略他国的记录。坚持走和平发展道路，是对几千年来中华民族热爱和平的文化传统的继承和发扬，也是中国人民从近代以后苦难遭遇中得出的必然结论。

重要论述

中国需要和平，就像人需要空气一样，就像万物生长需要阳光一样……中国走和平发展道路，不是权宜之计，更不是外交辞令，而是从历史、现实、未来的客观判断中得出的结论，是思想自信和实践自觉的有机统一。

——2014 年 3 月 28 日，习近平在德国科尔伯基金会的讲话

延伸阅读

中华民族是一个崇尚和平的伟大民族，“和为贵”、“四海之内皆兄弟”一直是中国人民的基本价值取向。对此，国外一些思想家和政治家也给予了充分的肯定与认可。

16 世纪西方传教士利玛窦在自己的著作中无限感慨却又不无敬佩地指出：“在这个几乎有无数人员和无限幅员的国家，而各种物产又极为丰富，虽然他们有装备精良的陆军和海军，很容易征服

邻近的国家，他们的皇上和人民却从未想过要发动侵略战争。在这方面，他们和欧洲人不同，欧洲人常常不满足自己的政府，拼命贪求别人的东西。”

英国的罗素说：“如果世界上有‘骄傲到不肯打仗’的民族，那么这个民族就是中国。他们希望的只是自由而不是支配。”

20世纪初日本学者渡边秀方认为，世界诸民族中大概再没有中国人那样渴求和平的了，他们的几千年历史，毕竟是渴望和平的历史，他们很少对别的民族从事侵略的攻战。他们的战争是自己文明的拥护战，这样好的民族，世界上哪里再能找得着第二个！

马来西亚前总理马哈蒂尔说：“千百年来中国从来没有向海外拓展领土的野心。在历史上，中国虽然三度极其强盛，但中国也从来没有占领过东南亚。当年郑和来到马六甲并不是要占领马六甲，而是来同马来西亚的苏丹建立良好关系。”

中国人民对战争带来的苦难有着刻骨铭心的记忆，对和平有着孜孜不倦的追求，十分珍惜和平安定的生活。中国人民怕的是动荡，求的是稳定，盼的是天下太平。改革开放30多年来，中国取得的举世瞩目的巨大成就，既源于对内改革的强力推动，也源于对外开放创造的良好外部环境。现在，我们已确定了实现中华民族伟大复兴中国梦的发展目标，我们要聚精会神搞建设，需要一个和平安宁的国际环境。当今世界，殖民主义、霸权主义的老路不仅走不通，而且一定会碰得头破血流。所以，中国坚定不移走和平发展道路，多次公开宣示，中国反对各种形式的霸权主义和强权政治，不干涉别国内政，永远不称霸，永远不搞扩张。在目前我国和世界关系深度磨合、调整适应情势下，我们必须高举和平发展、合作共赢的旗帜，完善外交总体布局，全方位推进大国、周边、发展中国家、多边外交和各个领域外交工作；我们需要政治智慧和历史担当，不走历史上大国冲突老路，积极构建不冲突、不对抗、相互尊重、合作共赢的新型大国关系；我们需要坚持与邻为善、以邻为伴，坚持睦邻、安邻、富邻，按照亲、诚、惠、容的理念搞好与周边国家的关系。

我国周边充满生机活力，有明显发展优势和潜力，我国周边环境总体上是稳定的，睦邻友好、互利合作是周边国家对华关系的主流。但是，我们也要认识到，我国的周边安全环境仍存在着各种现实挑战和潜在危机。在中国和平崛起进程中，我们既受到域外大国的制约，也和周边国家在领土、边界、岛屿、海域的划分及归属问题上存在诸多纷争。近年来，美国加紧全球战略调整，实行所谓亚太再平衡，战略重心东移的步伐明显加快，在亚太地区的军事部署进一步加强。为了遏制中国的和平崛起，美国大肆渲染所谓的“中国威胁论”，不断加强美日同盟、美菲同盟和美澳同盟，使冷战后一直平静的太平洋不再太平，也对我国的国家安全构成了严重威胁。我国是世界上拥有邻国最多的国家，其中直接接壤邻国就有14个。在接壤的14个国家中，通过谈判先后解决或基本解决边界问题的国家包括：越南、缅甸、尼泊尔、蒙古、巴基斯坦、阿富汗、朝鲜、老挝、俄罗斯、哈萨克斯坦、吉尔吉斯斯坦、塔吉克斯坦。与不丹和印度三国的边界问题悬而未决，其中主要是因为中国与印度的边界较为复杂，涉及13万平方公里的领土面积。除此之外，我国与韩国、印度尼西亚、马来西亚、菲律宾、文莱、日本六国的海上疆界也都未彻底解决，从而构成了现实的或潜在的领土主权问题。

近期最严重的领土主权威胁来自东海和南海。东海问题主要是指中国与日本在钓鱼岛主权归属上的争论。钓鱼岛及其附属岛屿自古以来就是中国的领土，中国对此拥有无可争辩的主权。日本在1895年甲午战争中窃取了钓鱼岛。第二次世界大战后，根据《开罗宣言》和《波茨坦公告》等国际法律文件，日本归还战前以武力攫取的全部中国土地，自然也包括钓鱼岛。长期以来，日本在钓鱼岛问题上不时制造事端，不断对钓鱼岛采取单方面举措。2012 年日本政府宣布“购买”钓鱼岛，并实施所谓“国有化”。这是对中国领土主权的严重侵犯，是对历史事实和国际法理的严重践踏，也是对世界反法西斯战争胜利成果的公然挑战。日本右翼政府还借口钓鱼岛问题和所谓的“中国威胁论”，在域外大国的支持和怂恿下，千方百计修改和平宪法、解禁集体自卫权和废除武器出口三原则，妄图把日本引向军国主义的老路上去。日本政府的一系列右翼行径对地区和世界和平构成了严重威胁。国际社会对此应保持高度的警惕。我们坚决反对和遏制日本采取任何方式侵犯中国对钓鱼岛的主权。我们坚决反对日本政府的倒行逆施。我们维护国家主权和领土完整的意志坚定不移，捍卫世界反法西斯战争胜利成果的决心毫不动摇。

南海是中国面积最大的海，我国在南海有着重大的利益和关切。南海诸岛，特别是西沙群岛和南沙群岛自古以来就是中国的领土。从历史角度和国际法角度来看，中国对西沙群岛和南沙群岛都拥有无可置疑的领土主权。但自 20 世纪 70 年代以后，南海周边国家却开始陆续侵占瓜分南沙群岛各主要岛礁，分割海域，掠夺油气资源，严重侵犯了我国的领土主权和海洋权益。我国在南海主权的现状是岛礁被侵占、海域被瓜分、资源被掠夺，形势十分严峻。从最近一个时期的事态发展看，在域外势力别有用心的推波助澜下，菲律宾、越南等南海争端当事方频频制造事端，采取更主动的方式对抗中国，提出不合理主张，严重恶化和平解决南海争端的良好氛围，南沙群岛及其海域的归属和划分问题的争端日益突出。我国坚持通过对话谈判妥善处理有关争端，但同时也坚决维护我国领土主权与海洋权益。我们不会以大欺小，但也绝不容忍以小取闹。在领土主权问题上，不是我们的，寸土不要；该是我们的，寸土不让。

另外，民族分裂主义、恐怖主义和宗教极端主义对我国周边安全形势的威胁不能低估，特别是阿富汗、巴基斯坦一带，恐怖主义仍然活跃。“台独”、“东突”、“藏独”等分裂势力都是威胁国家统一安全、对国家安全构成挑战的因素，这些敌对分裂势力内外勾连，不断进行捣乱破坏。这些问题都涉及民族的根本利益和国家的核心利益。在这个问题上，不能有任何的妥协、不能有任何的让步。

中国坚定不移走和平发展道路，始终不渝倡导合作共赢理念。但是，中国走和平发展道路、倡导合作共赢是有底线的，这就是坚决维护国家核心利益。中国走和平发展道路，其他国家也要走和平发展道路，只有各国都走和平发展道路，各国才能共同发展，国与国才能和平相处。中国发展绝不以牺牲别国利益为代价，我们绝不做损人利己、以邻为壑的事情，但也绝不允许任何外国伤害我们自己的核心利益。我们绝不会单纯为了顾及和平发展而放弃自己的核心利益。我们绝不惹事，但也不怕事，决不能拿核心利益做交易。在涉及我国核心利益的问题上，我们要敢于划出红线、亮明底线。新中国成立 60 多年来，中国在维护国家独立和主权、捍卫民族尊严上的立场是一贯的。如果说几十年前，中国在一穷二白的时候敢于维护国家利益，反对世界强权，从未在外来压力下弯过腰、低过头，那么现在中国发展强大了，更不会屈服于任何外来压力。我们要稳妥应对涉我领土主权和海洋权益争端，坚决维护国家的领土主权。坚决在国际上遏制“台独”、“藏独”、“东突”等分裂势力的破坏活动，防范国际暴力恐怖活动向境内渗透，维护国家主权和安全。不回避矛盾和问题，妥善处理同有关国家的分歧和摩擦，同时推动各领域交流合作，通过合作扩大共同利益的汇合点，努力维护同周边国家关系及地区和平稳定大局。我们相信，随着我国和平发展进程的不断深入，我们维护国家利益的资源和手段将越来越多，地位也会越来越主动。

五、热爱中华历史文化

历史是民族的根基，历史意识在构建文化认同乃至国家认同过程中起着基础性作用。所以，龚自珍发出了“灭人之国，必先去其史”的警告。钱穆先生则进一步指出：“欲知其国民对国家有无深厚之爱情，必先使其国民对国家以往历史有深厚的认识。”文化是民族的灵魂。古往今来，一个国家、一个民族的强盛总是以文化兴盛为支撑的。实现中国梦，是物质文明和精神文明均衡发展、相互促进的结果。没有文明的继承和发展，没有文化的弘扬和繁荣，就没有中国梦的实现。中华民族创造了源远流长的中华文化，也一定能够创造出中华文化新的辉煌。当前，爱国主义的一项重要内容就是增强对中华文化历史传统和中国特色社会主义文化的认同与自信。我们要继承中华优秀文化传统，弘扬社会主义先进文化，坚持走中国特色社会主义文化发展道路，推动社会主义文化大发展大繁荣，提高国家文化软实力，努力建设社会主义文化强国。

重要论述

历史对一个国家、一个民族，就像记忆对于个人一样，一个人丧失了记忆就会成为白痴，一个民族如果忘记了历史，就会成为一个愚昧的民族。而一个愚昧的民族是不可能建设社会主义的。

——周恩来

中华民族具有五千多年连绵不断的文明历史，创造了博大精深的中华文化，为世界文明进步作出了不可磨灭的贡献。在人类有文字记载的历史上，中国曾长期领先于世界。正如美国著名历史学家维尔·杜伦在《东方的文明》中所说的那样，当希腊民族尚未形成、文明尚未诞生之时，中华民族就已经早早地踏上了文明社会的征程，创造了灿烂的古代文化。“它曾目睹了巴比伦和亚述、波斯和犹太、雅典和罗马、威尼斯和西班牙的兴衰变迁，即使当欧罗巴陷入巴尔干人所说的黑暗中世纪之时，中国依旧保有着灿烂的文明。稳定持久的政府、精美绝伦的手工艺术、和谐深邃的精神世界历久不衰。”在中国历史上，隋唐长安、北宋开封，都是人口超过百万的特大城市。根据史学家们的统计，在中世纪前世界上规模最大的十个城市中，排名前七位的都在中国。横贯我国的万里长城，是古代世界上规模最大的防御建筑工程。中国是造纸术、雕版印刷术、火药和指南针的发源地。中国古代的这“四大发明”不仅对于中华民族而且对于整个人类文明的进步都起到了极大的促进作用。智慧笃行的中国人民奉献给世界的不止是四大发明。英国科学家李约瑟的学生罗伯特·坦普尔在《中国：发明与发现的国度》一书中，曾一口气列举了历史上中国科技发明的100个世界第一。中国的医药、丝绸、瓷器、茶叶等传入西方，渗入西方民众日常生活之中。

重要论述

火药、指南针、印刷术——这是预告资产阶级社会到来的三大发明。火药把骑士阶层炸得粉碎，指南针打开了世界市场并建立了殖民地，而印刷术则变成新教的工具，总的来说变成科学复兴的手段，变成对精神发展创造必要前提的最强大的杠杆。

——马克思

这三种东西曾改变了整个世界的面貌和状态，第一种在文学上，第二种在战争上，第三种在航海上，由此产生了无数的变化，这种变化是这样的大，以至没有一个帝国，没有一个教派，没有一个赫赫有名的人物，能比这三项发明在人类的事业中产生更大的力量和影响。

——弗兰西斯·培根

古代的中国在创造引领人类历史的物质文明的同时，也创造了气势恢宏的精神文明。早在距今约 3 700 年前的商朝，我们的祖先就创造了最早的文字甲骨文，它是汉字的雏形。汉字堪称中华文明的标志，是迄今为止世界上连续使用时间最长的主要文字，也是世界上古时期各大文明体系中唯一传承至今的文字。汉字不仅是我们中国人的通用语言，而且也在被越来越多的外国人学习和使用。几千年来，我国流传下来的各种历史文化典籍浩如烟海，思想艺术灿若星辰。从《诗经》、《楚辞》、先秦散文、汉赋到唐诗、宋词、元曲、明清小说，从《尚书》、《春秋》、《左传》到《史记》、《汉书》、《资治通鉴》，从儒、墨、道、法百家争鸣到独尊儒术，从魏晋玄学到宋明理学，从西汉以来的宫廷壁画到隋唐时期的敦煌莫高窟等，这是中华文明特有的重要标志，是中华民族的宝贵精神财富。浩瀚广袤的历史天空、光辉灿烂的文化瑰宝，照亮了中华文明前行的道路，也带动和推进了邻邦与世界前进的脚步。现在，国内出现的“传统文化热”，国际上出现的“中华文化热”、“孔子热”，遍布世界的孔子学院和孔子课堂，都生动展示了中华文化的当代魅力和世界影响力。

重要论述

在中华民族的开化史上，有素称发达的农业和手工业，有许多伟大的思想家、科学家、发明家、政治家、军事家、文学家和艺术家，有丰富的文化典籍。

——毛泽东

延伸阅读

敦煌莫高窟原有 1 000 多个洞窟，保存至今的虽然只有 429 个，内中却有 2 400 多个塑像及数以万计的小千佛。第 96 窟的塑像高达 33 米，洞窟四壁绘满了反映社会风貌的壁画。若以 5 米高的画面计算，这些壁画连接起来可达 25 公里长。洞窟中的藏经洞藏有佛经、户籍、契约、小说、词曲及丝织品等珍贵文物3万多件，被称为世界艺术宝库之一。

中华传统文化强调“天下兴亡，匹夫有责”、“先天下之忧而忧，后天下之乐而乐”、“位卑未敢忘忧国”、“苟利国家生死以，岂因祸福避趋之”；强调“民惟邦本”、“天人合一”、“和而不同”；强调“天行健，君子以自强不息”、“大道之行也，天下为公”；主张以德治国、以文化人；强调“君子喻于义”、“君子坦荡荡”、“君子义以为质”；强调“言必信，行必果”、“人而无信，不知其可也”；强调“德不孤，必有邻”、“仁者爱人”、“与人为善”、“己所不欲，勿施于人”、“出入相友，守望相助”、“老吾老以及人之老，幼吾幼以及人之幼”、“扶贫济困”、“不患寡而患不均”；等等。这些讲仁爱、重民本、守诚信、崇正义、尚和合、求大同的价值理念是中华民族精神的基本内容，它们已经成为中华民族的基因，植根在中国人内心，潜移默化地影响着中国人的思想方式和行为方式。

中华优秀传统文化是中华民族的根基和血脉，是海内外华人共有的精神家园，是中华民族生命力、凝聚力、创造力的重要源泉。中华文化积淀着中华民族最深沉的精神追求，代表着中华民族独特的精神标志，是中华民族生生不息、发展壮大的丰厚滋养。对中华传统文化的认同就是全世界中华儿女爱国主义的“最大公约数”。2013年11月26日，习近平总书记在山东曲阜同专家学者座谈时强调，中华优秀传统文化是中华民族的突出优势，中华民族伟大复兴需要以中华文化发展繁荣为条件，必须大力弘扬中华优秀传统文化。中华传统文化是我们民族的“根”和“魂”，如果抛弃传统、丢掉根本，就等于割断了自己的精神命脉。我们要珍惜、传承和弘扬传统文化，增进对中华优秀传统文化的认同感和归属感，坚定我们中华民族的文化自信和价值观自信，反对抹黑传统文化的文化虚无主义。

延伸阅读

在全球化日益加剧的今天，热爱中华民族的历史和文化更是非常必要的。全球化为西方对发展中国家的文化殖民提供了新的手段和途径，以往通过军事侵略来进行的文化殖民被以“交流”、“对话”、“援助”等等为名的文化渗透与文化殖民所替代。我国自改革开放以来，由于思想教育工作上的失误，在一段时间里放松了对西方文化殖民的防范，曾一度出现文化上崇洋媚外的心态、民族意识失落和民族尊严感一定程度上的沉沦。在日常生活、语言文字以及思想领域都存在“洋化”现象，甚至为迎合西方文化而极度渲染民族文化中存在的一些陈腐丑陋的东西。面对这些，我们更应珍爱祖国的悠久历史和灿烂文化，增强对民族文化的自豪感、热爱和认同感，坚定民族文化的根基，并努力创新民族文化，自觉抵制西方文化的殖民渗透，只有这样才能使中华文明在全球化的浪潮中立于不败之地。我们要虚心学习吸收借鉴人类社会创造的一切文明成果，但我们不能数典忘祖，不能照抄照搬别国的发展模式，也绝不会接受任何外国颐指气使的说教。要把文化软实力建设作为硬任务来落实，强化责任担当，进一步把文化古国、文化大国建设成为社会主义文化强国，为实现中国梦提供强大精神动力，为人类文明进步作出更大贡献。

当然，我们也要反对那种抱残守缺的文化保守主义。习近平总书记指出：“不忘本来才能开辟未来，善于继承才能更好创新。”这既强调了传统的重要，又表明了创新的必要。“不忘本来”和“善于继承”也是为了“开辟未来”和“更好创新”。中国传统文化既有其自身的连续性和稳定性，也必将随着时间推移和时代变迁而不断与时俱进。我们要在批判继承传统文化的基础上敢于铸造中华文化新的辉煌。“阐旧邦以辅新命”，我们要认真汲取中华优秀传统文化的思想精华，深入挖掘和阐发传统文化的时代价值。要对传统文化进行创造性转化、创新性发展。我们要让陈列在禁宫里的文物、沉睡在大地上的遗产、沉寂在古籍里的文字都活起来。中华优秀传统文化与社会主义市场经济、民主政治、先进文化、社会治理等还存在需要协调适应的地方。弘扬中华优秀传统文化，要处理好继承和创造性发展的关系，重点做好创造性转化和创新性发展。创造性转化，就是要按照时代特点和要求，对那些至今仍有借鉴价值的内涵和陈旧的表现形式加以改造，赋予其新的时代内涵和现代表达形式，激活其生命力。创新性发展，就是要按照时代的新进步新进展，对中华优秀传统文化的内涵加以补充、拓展、完善，增强其影响力和感召力。

中国共产党自成立之日起，就既是中华优秀传统文化的忠实传承者和弘扬者，又是中国先进文化的积极创造者和倡导者。从新民主主义革命到新中国社会主义改造和建设，再到改革开放以来的中国特色社会主义探索，我们党遵循民族的科学的大众的价值诉求，根据继承传统文化和弘扬时代精神、立足本国和面向世界相结合的原则，领导人民创造了鲜明独特、奋发向上的先进文化。从井冈山精神、长征精神、延安精神、西柏坡精神，到雷锋精神、大庆精神、“两弹一星”精神，再到载人航天精神、北京奥运精神、抗震救灾精神，这些富有时代特征、民族特色的宝贵精神财富，不断实现中华文化的再生再造，是我们文化发展创新的重要基础。党的十八大所提出的社会主义核心价值观是我党创造先进文化的又一项重大成果。

党的十六届六中全会提出建设社会主义核心价值体系的重大战略任务，强调马克思主义指导思想、中国特色社会主义共同理想、以爱国主义为核心的民族精神和以改革创新为核心的时代精神、社会主义荣辱观构成社会主义核心价值体系的基本内容。党的十八大又进一步提出，倡导富强、民主、文明、和谐，倡导自由、平等、公正、法治，倡导爱国、敬业、诚信、友善，积极培育和践行社会主义核心价值观。社会主义核心价值体系和核心价值观内在一致，都体现了社会主义意识形态的本质要求，体现了社会主义制度在思想和精神层面的质的规定性，凝结着社会主义先进文化的精髓，是中国特色社会主义道路、理论体系和制度的价值表达。社会主义核心价值观在社会主义核心价值体系的基础上，更加突出核心要素、更加注重凝练表达、更加强化实践导向。它所强调的“三个倡导”24个字，是社会主义核心价值体系的内核，是对社会主义核心价值体系的高度凝练和集中表达。它把涉及国家、社会、公民的价值要求融为一体，既体现了社会主义本质要求，继承了中华优秀传统文化，也吸收了世界文明有益成果，体现了时代精神，回答了我们要建设什么样的国家、建设什么样的社会、培育什么样的公民的重大问题。社会主义核心价值观的提出体现了我们党“不忘本来，吸收外来，开辟未来”的理论成熟和勇气。

重要论述

富强、民主、文明、和谐，自由、平等、公正、法治，爱国、敬业、诚信、友善，传承着中国优秀传统文化的基因，寄托着近代以来中国人民上下求索、历经千辛万苦确立的理想和信念，也承载着我们每个人的美好愿景。

——2014年5月4日，习近平在北京大学师生座谈会上的讲话

核心价值体系和核心价值观，是决定文化性质和方向的最深层次要素，是一个国家的重要稳定器。2014年5月4日，习近平总书记在同北京大学师生座谈时指出：“人类社会发展的历史表明，对一个民族、一个国家来说，最持久、最深层的力量是全社会共同认可的核心价值观。核心价值观，承载着一个民族、一个国家的精神追求，体现着一个社会评判是非曲直的价值标准。”我国是一个有着13亿多人口、56个民族的大国，确立反映全国各族人民共同认同的价值观，使全体人民同心同德、团结奋进，关乎国家前途命运，关乎人民幸福安康。

习近平总书记强调，要“坚守我们的价值体系，坚守我们的核心价值观”。2014 年 2 月，他在中共中央政治局第十三次集体学习时指出：我们要从巩固全党全国各族人民团结奋斗的共同思想基础、巩固党的执政地位的战略高度，持续加强社会主义核心价值体系建设，把培育和弘扬社会主义核心价值观作为凝魂聚气、强基固本的基础工程，作为一项根本任务，切实抓紧抓好。要通过教育引导、舆论宣传、文化熏陶、实践养成、制度保障等，使社会主义核心价值观内化为人们的精神追求，外化为人们的自觉行动。

2014 年“两会”期间，习近平总书记在参加贵州代表团审议时指出：“一个国家综合实力最核心的还是文化软实力，这事关精气神的凝聚，我们要坚定理论自信、道路自信、制度自信，最根本的还要加一个文化自信。”2014 年，习近平主席在访问欧洲时又特别强调：“我们要保持对自身文化的自信、耐力、定力。”为此，我们要深刻体认中华优秀传统文化的核心价值，深入发掘中华传统文化的时代意义，不断提升文化自信和文化自觉，同时吸取世界优秀的文明成果，努力创造中华文化新的辉煌。

重要论述

> 民族文化是一个民族区别于其他民族的独特标识。要加强对中华优秀传统文化的挖掘和阐发，努力实现中华传统美德的创造性转化、创新性发展，把跨越时空、超越国度、富有永恒魅力、具有当代价值的文化精神弘扬起来，把继承优秀传统文化又弘扬时代精神、立足本国又面向世界的当代中国文化创新成果传播出去。
>
> ——2014 年 2 月 17 日，习近平在省部级主要领导干部学习贯彻党的十八届三中全会精神全面深化改革专题研讨班开班式上的讲话

传承和弘扬中华传统文化也要实现民族性和世界性的有机统一。既要看到文化的本土性，也要看到它的世界性，使实现了创造性转

化和创新性发展的中华文化符合世界文明发展潮流。习近平主席2014年3月27日在巴黎联合国教科文组织总部发表的重要演讲中，明确提出“多彩、平等、包容”是推动世界不同文明交流互鉴必须秉持的正确态度和原则。世界上每一种文明都有其自身发生、发展和演变过程，都有其独特的魅力和风采。我们应当以平等、谦虚的态度去尊重、了解、欣赏其他文明的真谛，珍视人类文明多样性。“如果世界上只有一种花朵，就算这种花朵再美，那也是单调的。”“一花独放不是春，百花齐放春满园”，“海纳百川，有容乃大”，只有在学习、消化、融合、创新中才能使文明充满生命力。翻开历史，不同文明的发展壮大永远离不开与其他文明的交流沟通，这也使得人类创造的一切文明成果成为我们的共同财富并永久传承。失去开放包容，人类文明将失去发展动力，最终僵化衰落。文明因交流而多彩，文明因互鉴而丰富，不同文明只有通过交流互鉴，才能激发其生命活力，才能成为共同推动人类文明进步的重要动力。

中华民族是一个兼容并蓄、海纳百川的民族，在漫长历史进程中，不断学习他人的好东西，把他人的好东西化成我们自己的东西，这才形成我们的民族特色。从汉唐盛世的“丝绸之路”到明清两朝的“西学东渐”，从清朝末年的“洋务运动”到五四时期的“德先生、赛先生”，再到随后的“科玄之争”，直到改革开放以来对西方优秀文明成果大量吸取，中华文明不断吸收融合各文明养分而丰富发展，也不断促进着世界文明的丰富发展。我们既要植根于丰厚的民族优秀文化土壤，也要宽容面对文化差异，广泛吸纳世界各文明成果，使中华文明之树枝繁叶茂、常青不老，在世界文明之林中散发出自己独特的光彩。

延伸阅读

中华文明是在中国大地上产生的文明，也是同其他文明不断交流互鉴而形成的文明。公元前100多年，中国就开始开辟通往西域的丝绸之路。汉代张骞于公元前138年和公元前119年两次出使西域，向西域传播了中华文化，也引进了葡萄、苜蓿、石榴、胡麻、芝麻等。西汉时期，中国的船队就到达了印度和斯里兰卡，用中国的丝绸换取了琉璃、珍珠等物品。唐代是中国历史上对外交流的活跃期。据史料记载，唐代中国通使交好的国家达 70 多个，那时候的首都长安里来自各国的使臣、商人、留学生云集成群。这个大交流促进了中华文化远播世界，也促进了各国文化和物产传入中国。15 世纪初，中国明代著名航海家郑和七次远洋航海，到了东南亚很多国家，一直抵达非洲东海岸的肯尼亚，留下了中国同沿途各国人民友好交往的佳话。明末清初，中国人积极学习现代科技知识，欧洲的天文学、医学、数学、几何学、地理学知识纷纷传入中国，开阔了中国人的知识视野。之后，中外文明交流互鉴更是频繁展开，这其中有冲突、矛盾、疑惑、拒绝，但更多的是学习、消化、融合、创新。

六、勿忘国耻，圆梦中华

中华民族既有让后世子孙引以为豪的灿烂历史，也有令所有中华儿女刻骨铭心的耻辱过往。中华民族的整个历史，无论是辉煌还是屈辱，都是全民族的共同财富。我们既要了解中华民族的优秀历史文化传统，增强历史认同和文化自信，又要牢记中华民族曾经的苦难和曲折，增强忧患意识和使命感，为中华民族的伟大复兴奉献力量。

以史为鉴，可以知兴替。前事不忘，后事之师。中央领导同志历来强调要学习中国历史遗产，注意从中吸取经验教训。早在 1938 年，毛泽东在党的六届六中全会报告中就指出："学习我们的历史遗产，用马克思主义的方法给以批判的总结，是我们学习的另一任务。""我们是马克思主义的历史主义者，我们不应当割断历史。从孔夫子到孙中山，我们应当给以总结，承继这一份珍贵的遗产。”邓小平强调要懂得中国历史，特别是要了解中国近代史。他说：“我是一个中国人，懂得外国侵略中国的历史。当我听到西方七国首脑会议决定要制裁中国，马上就联想到一九〇〇年八国联军侵略中国的历史。……要懂得些中国历史，这是中国发展的一个精神动力。”[①]他还说：“……了解自己的历史很重要。青年人不了解这些历史，我们要用历史教育青年，教育人民。”[②] 1999 年 9 月 5 日，江泽民同志在致白寿彝教授的贺信中说：“几千年来，中华文明得以不断传承和光大，一个重要原因就是我们的先人懂得从总结历史中不断开拓前进。我国的历史，浩淼博大，蕴含着丰富的治国安邦的历史经验，也记载了先人们在追求社会进步中遭遇的种种曲折和苦痛。对这个历史宝库，我们应该运用历史唯物主义的观点不断加以发掘，在前人研究的基础上不断作出新的总结。”胡锦涛同志在庆祝中国共产党成立 90 周年大会讲话中指出，“全国广大青年一定要深刻了解近代以来中国人民和中华民族不懈奋斗的光荣历史和伟大历程，永远热爱我们伟大的祖国，永远热爱我们伟大的人民，永远热爱我们伟大的中华民族”。习近平同志也高度重视对国史和党史的学习和运用。在中国共产党成立 92 周年前夕，习近平同志在主持中共中央政治局第七次集体学习时强调指出：“历史是最好的教科书。”“学习党史、国史，是坚持和发展中国特色社会主义、把党和国家各项事业继续推向前进的必修课。这门功课不仅必修，而且必须修好。要继续加强对党史、国史的学习，在对历史的深入思考中做好现实工作、更好走向未来，不断交出坚持和发展中国特色社会主义的合格答卷。”

知国才能爱国，知之深才能爱之切。在长达 1 500 多年的时间里，中华文明以其独有的特色和辉煌一直走在世界文明发展的前列。正是带着这种独特和辉煌的历史记忆，中华文明步入了近代史，一

① 《邓小平文选》，1 版，第 3 卷，357～358 页。
② 同上书，206 页。

段与古代中国天壤有别的历史。18 世纪，在工业革命的推动下，西方国家获得了迅猛发展，而中国依然陶醉在农耕文明的无限夕阳之中。1840 年，大英帝国的坚船利炮轰开了清政府闭关锁国的大门，南海之上的隆隆炮声惊醒了清帝国天朝上国的美梦，中华民族的噩梦开始了。1842 年，腐败的清朝政府迫于大英帝国的淫威，与英军签订了《南京条约》。这一改写了五千年中国历史的第一个不平等条约，割让了香港岛，也割让了中华民族的太平、独立与尊严。此后，九龙被割让，台湾被割让，辽东半岛被割让。割让，侵吞，蚕食，一系列不平等条约接踵而来。从鸦片战争、第二次鸦片战争、中法战争、甲午中日战争到八国联军侵华战争，陷入半殖民地的中国一步步滑入苦难的深渊。帝国主义穷凶极恶、惨绝人寰的烧杀淫掠，让中华民族蒙受了千年未有的奇耻大辱。

延伸阅读

圆明园大水法遗址

圆明园，这座当时世界上无与伦比的皇家博物馆，被法国作家雨果形容为“月宫般的仙境”、“大理石建造的梦”、足以让欧洲士兵产生“吸食大麻般幻觉”的东方宝库，在1860年和1900年两次遭受疯狂劫掠和百般蹂躏之后，又被列强肆无忌惮地焚烧殆尽。当年的英国随军牧师罗伯特·麦吉在日记中毫无愧疚地写道：“再也没有一双眼睛能够见证另一个时代的艺术天赋和品位了，一个也不留，一栋房屋也不剩，让这里再无宫殿的痕迹。”断壁残垣，满目疮痍，永远记录下了列强的暴行，也记录了一个民族走向沉沦的衰弱和耻辱。

1894年的甲午之战，在中华民族历史上留下了剜心之痛。1894年秋冬，甲午战火烧到了辽东半岛。11月21日，旅顺战役打响，日军闯进旅顺城，随即展开了四天三夜的疯狂屠杀，震惊世界的“旅顺大屠杀”使两万名无辜同胞惨遭屠戮。历时近九个月的甲午战争，以清政府苦心经营多年的北洋水师全军覆没而告终。继《南京条约》之后，最严重的不平等条约《马关条约》的签订则大大加重了中国社会半殖民地化的历史进程。当时只有17岁的吴玉章在回忆录中写道：“甲午战败，全中国都为之震动，目前我国还只是被西方大国打败过，现在竟被东方小国打败了，而且失败得那样惨，条约又订得那样苛刻，这是多么大的耻辱啊！战败的消息传到我家乡的时候，我和我的二哥曾经痛哭不止。”“四万万人齐下泪，天涯何处是神州。”这就是当时全体中国人心情的真实写照，一个民族的集体记忆。

1900年，在甲午战争失败五年后，八国联军入侵北京。各国军队在北京城划区驻扎，要求所驻区域的所有中国人家必须悬挂占领国国旗。一时间，中国的心脏插着的是八个国家的旗帜。人类进入近代以来，还没有哪个国家曾遭受过如此的屈辱。整个中国仿佛都被撕裂了。1901年，入侵中国北京的八国联军用摄影机拍下了一段影片。在一个大变活人的魔术表演中，变出来的外国人一个个威武雄壮，最后变出来的是一个中国侏儒，他刚一出现，就受到外国人的戏弄和殴打。千年兴盛，泱泱中华，竟沦落如斯，卑贱如斯，屈辱如斯。

1937 年 7 月 7 日，中国卢沟桥的炮声骤起，日本军国主义再次将锦绣中华拖入凄风苦雨的悲惨境地。在此后的八年时间里，中国人民饱受战争的摧残，数以亿计的百姓背井离乡、流离失所。日军所到之处烧杀抢掠、奸淫掳掠，无恶不作。南京大屠杀、731 部队拿活人做细菌实验等种种暴行更是令人发指。

从 1840 年鸦片战争到 1949 年新中国成立的 100 多年，中国社会战火频频、兵燹不断，内部战乱和外敌入侵循环发生，给中国人民带来了不堪回首的苦难。近代以后，中华民族遭受的苦难之重、付出的牺牲之大，在世界历史上都是罕见的。仅日本军国主义发动的侵华战争，就造成了中国军民伤亡 3 500 多万的人间惨剧。这段悲惨的历史，给中国人留下了刻骨铭心的记忆。2013 年 12 月 27 日，习近平同志指出："我经常看中国近代的一些史料，一看到落后挨打的悲惨场景就痛彻肺腑！""中华民族永远不会忘记这段血泪史、羞辱史。"

历史是最好的教科书，也是最好的清醒剂。牢记历史，才能面向未来。中国人民对战争带来的苦难有着刻骨铭心的记忆，对和平有着孜孜不倦的追求。中国将坚定不移走和平发展道路，并且希望世界各国共同走和平发展道路，让和平的阳光永远普照人类生活的星球。但令人遗憾的是，今天的日本当局和右翼分子仍然无视铁的历史事实，无视在战争中牺牲的数以千万计的无辜生命，否认、篡改甚至美化侵略历史，参拜二战战犯亡灵，解禁集体自卫权，修改和平宪法，妄图重走军国主义的老路。这是对历史真相和公理正义的公然践踏，更是对战后国际秩序的蓄意破坏。日本右翼势力的倒行逆施已经引起了包括中国人民在内的全世界爱好和平人民的强烈谴责。爱好和平并不是纵容罪恶，更不等于委曲求全。20 世纪 30 年代，日本“一而再”地对我国发动侵略战争，给中国人民带来深重的灾难。已经付出了巨大牺牲的中国人民决不允许日本“再而三”。我们将坚定不移地捍卫用鲜血和生命写下的历史。任何人想要否认、歪曲甚至美化侵略历史，中国人民和各国人民绝不答应！中国人不惹事，但也不怕事。我们决不允许军国主义卷土重来，决不允许历史悲剧重演。

“落后就要挨打”，这是中国近现代史留给我们的惨痛教训。回溯近代以来中华民族的屈辱历史，列强蜂拥而至，中国无约不损、无战不败，神州陆沉，山河破碎，善良的中华民族被奴役、被压迫，中国人民饱受侵略和欺凌，主要原因就是国家的落后。而国家之所以积贫积弱，就是因为没有找到一条强国富民的发展道路。今天，在中国共产党的领导下，我们开辟了中国特色社会主义道路。沿着这条道路，中国取得了举世瞩目的发展成就，以崭新的姿态屹立于世界民族之林，中国人民比历史上任何时期都更加接近中华民族伟大复兴的目标。历史的伤痕还在，历史的警示还在，历史的教训还在。我们要铭记历史，勿忘国耻，时刻警醒，自强不息，万众一心，坚定不移地走中国特色社会主义道路，共圆中华民族伟大复兴的崇高梦想。

七、保护祖国的绿水青山

禾苗离土即死，国家无土难存。国土山河是一个国家和民族赖以存在与发展的基本前提。皮之不存，毛将焉附？大地山川是人民的家园、财富的源泉和文化的依托。资源环境问题关乎国家兴衰和人民祸福。

生态兴则文明兴，生态衰则文明衰。古今中外许多事例都证明了这一点。古埃及、古巴比伦、玛雅文化和我国古代的楼兰古国等文明形态都发源于生态适中的地域。它们之所以最终衰落，其中一个主要原因就在于它们赖以生存的生态环境遭到了根本性破坏。比如，玛雅文明消失的直接原因就在于，随着生产力的发展和人口的激增，森林被过度砍伐，造成严重水土流失，使人民失去了生存之本。其他古老文明的情形也大致类似。正如恩格斯在《自然辩证法》中所说："美索不达米亚、希腊、小亚细亚以及其他各地的居民，为了想得到耕地，把森林都砍完了，但是他们梦想不到，这些地方今天竟因此成为荒芜不毛之地，因为他们使这些地方失去了森林，也失去了积聚和贮存水分的中心。"

中华民族在这方面也有深刻的历史教训。中国之所以会在五千多年前产生灿烂的华夏文明，主要是因为在历史上黄河流域有着良好的生态环境，为中华民族的繁衍生息提供了优越的自然条件。根据历史考证，商周时代在今天的安阳一带还有大象生存，历史上黄土高原的森林覆盖率在南北朝时期还大于 80％，到明清时期下降到约 15％，而到 1949 年则仅为 6.1％。明初山西的森林覆盖率在 30％左右，明中叶以后下降到 15％，清末为 10％，新中国成立前夕已不足 5％。如果当初的黄河流域也像现在一样林木稀少、干旱少雨，华夏文明能不能出现还是个问题。由于黄土高原森林面积锐减，水土流失严重，黄河在流经黄土高原时携带大量的泥沙，使下游河床上升，成为"地上河"，导致黄河在我国历史上多次泛滥成灾，使成千上万人流离失所、无家可归，给中华民族带来无穷的灾难。中华民族之所以生存发展到现在，是因为虽然黄河流域的生态环境被我们的祖先破坏了，但我们还有长江流域和珠江流域等。令人痛心的是，这些历史上中华民族文明的发祥地今天也在遭到污染和破坏，其生态环境也在逐步恶化。

我们党和国家一贯高度重视生态文明建设。20 世纪 80 年代初，保护环境成为基本国策。进入新世纪，节约资源又被定为基本国策。多年来，我们在生态环境保护方面取得了显著成绩。但是经过 30 多年的快速发展，积累下来的生态环境问题日益显现，进入高发频发阶段。比如，全国江河水系、地下水污染和饮用水安全问题不容忽视，有的地区重金属、土壤污染比较严重，全国频繁出现大范围长时间的雾霾污染天气，等等。这些突出环境问题不仅严重影响和损害了人民群众的生产生活与身体健康，也严重影响与损害了党和政府以及国家的形象。随着社会发展和人民生活水平的不断提高，人民群众对干净的水、清新的空气、安全的食品、优美的环境等的要求越来越高，生态环境在群众生活幸福指数中的地位不断凸显，环境问题日益成为重要的民生问题。老百姓过去“盼温饱”现在“盼环保”，过去“求生存”现在“求生态”。头顶蓝天白云、呼吸清洁空气、感受温暖阳光……这些是人民群众对生态文明最朴素的理解和对环境保护最起码的诉求。

延伸阅读

多年来，我国在大力推进经济社会发展的同时，高度重视资源节约和环境保护，取得了显著成绩。但从现实情况看，资源约束趋紧，全国2/3的国有骨干矿山进入中老年期，400多座矿山因资源枯竭濒临关闭；环境污染严重，全国受污染耕地多达上千万公顷，1.9亿人饮用水有害物质含量超标，雾霾等极端天气频发；生态系统退化，全国水土流失面积占37%，荒漠化土地占27.4%，生物多样性下降。一组组数据向我们敲响了警钟：这样的局面再不下决心扭转，后果将不堪设想。

全体中华儿女向往的是一个生活富裕、江山秀美的祖国。走向生态文明新时代，建设美丽中国，是实现中华民族伟大复兴中国梦的重要内容。习近平总书记在谈到环境保护问题时指出：“我们既要绿水青山，也要金山银山。宁要绿水青山，不要金山银山，而且绿水青山就是金山银山。”保护自然环境就是保护人类，建设生态文明就是造福人类。习近平总书记指出：“良好生态环境是最公平的公共产品，是最普惠的民生福祉。”保护生态环境，关系最广大人民的根本利益，关系中华民族发展的长远利益，是功在当代、利在千秋的事业。保护生态环境就是保护生产力。2013 年 5 月，习近平总书记在中共中央政治局第六次集体学习时指出，“要正确处理好经济发展同生态环境保护的关系，牢固树立保护生态环境就是保护生产力、改善生态环境就是发展生产力的理念”。离开经济发展抓环境保护，是“缘木求鱼”；脱离环保搞经济发展，是“竭泽而渔”。我们决不以牺牲环境为代价去换取一时的经济增长，决不走“先污染后治理”的老路，决不能以牺牲后代人的幸福为代价换取当代人的所谓“富足”。

英国著名的生态学家爱德华把全球的环境危机比喻为“第三次世界大战”。这次大战所蔓延的区域极其广大，中国是一个重要的“战区”。当前我国生态与环境问题的复杂和严峻，是历史上任何国家工业化过程中所不曾遇到的，发达国家在不同发展阶段出现的不同环境问题，我国在 30 年内集中爆发，严重影响到国家的经济发展，甚至威胁到国家的安全。人们必须清醒地认识到，如果我们仍不断地加大对自然资源掠夺性的开发滥用，加大对生态环境的破坏和干扰，那么，即使没有核战争，生态环境的破坏也足以毁灭人类自身，足以亡家亡国。目前这场关系到国家和民族存亡的资源环境保卫战，同样能够激发每一个爱国者崇高的责任感和使命感。

国家的生态安全是其他一切安全的根本保证，没有了青山绿水，也就没有了国泰民安。环境保护与爱国主义有密切的内在联系，环境保护是爱国主义的迫切要求，爱护生态环境是爱国主义的具体体现。保护环境，热爱祖国的山山水水，爱护祖国的一草一木，都是爱祖国、爱人民、爱家乡的实际行动。保护环境，人人有责。我们要像呵护生命一样呵护生态环境，把老祖宗留下的一方山水保护好、利用好。每个爱国者都应该本着对子孙后代高度负责的态度，从自然生态理念出发，以自己的实际行动节约资源和保护环境，为推动生态文明建设、为实现中华民族永续发展作出自己应有的贡献。

相关链接

位于内蒙古锡林郭勒草原南端的浑善达克沙地，过去水草丰美、风光秀丽，被称为“塞外江南”。但是，近代由于气候的持续干旱和过度放牧，造成草场退化，河流湖泊萎缩，沙化日益严重，浑善达克沙地已成为近年来困扰北京的沙尘的主要源头之一，也对我国北方地区的生态安全构成威胁。2011 年，已从事多年沙漠绿化志愿活动的北京政协委员理纯，在其得力干将耿涛的鼎力协助下，自筹资金，在浑善达克沙地建立了第一个绿化志愿者基地，随后又在沙地南缘河北省张北县馒头营乡建立了第二基地。从 2011 年 5 月开始，每周一到两次有时三次，他们二人驾驶大巴，组织带领来自五湖四海、世界各地的志愿者前往基地植树。几年来，他们风雨无阻，从未间断。劳动中，他们亲力亲为，以身垂范。绿化志愿者来自各行各业，有退休的老部长老将军，有在职的各级领导干部，有企业员工，有高校师生，也有不少外国友人。截至 2014 年 9 月，他们二人已经先后组织 125 批近 4 000 多人次的志愿者，栽下了 100 余万棵苗木，有效地改善了当地生态环境。他们以自己的实际行动为生态文明建设作出了实实在在的贡献，堪称爱国奉献的新时代楷模。

八、用实干托起中国梦

爱国不单单是对祖国的热爱之情，更是一种高尚的义务和责任，它最终体现在报效桑梓、保卫国家、振兴祖国的具体行动中。爱国主义不仅要求一个人在情感与思想上对祖国的认同和忠诚，更强调每个人身体力行，积极投入报效祖国的社会实践中去。没有行动的爱国主义是空乏的。“空谈误国，实干兴邦”，爱国需要的是实实在在的行动，而非一时的激情和响亮的口号。“喊破嗓子不如做出样子”，只唱爱国高调，不求爱国之行，最终会使爱国主义成为无果之花。真正的爱国者必然是自觉地把爱国之情、报国之志化作报国行动的人。实践爱国主义就要求我们切实“从我做起，从现在做起，从每一件事做起”。我们热爱自己的祖国，既不能满足于她的成就与进步，更不甘心于她的贫穷和落后，而是要将一腔热血倾注于改造祖国、建设中国特色社会主义事业的伟大实践中。本职岗位是我们报效祖国的主战场。常有人抱怨“工作不符合自己的志愿、特长和爱好”，认为“大材小用，英雄无用武之地”，等等。其实，我们实现四个现代化，需要协同作战，需要有人当“将军”，也需要有人当“士兵”；需要有人做“大梁”，也需要有人当“砖瓦”。职业无贵贱之分，只是社会分工不同。我们应该立足于个人的本职工作和岗位，发扬献身精神、实干精神、牺牲精神、艰苦奋斗精神，充分发挥我们的积极性、创造力和聪明才智，用坚持不懈的辛勤劳动为实现中华民族的伟大复兴添砖加瓦。

延伸阅读

2014 年感动中国人物黄旭华

1958 年，为研制核潜艇，刚刚 32 岁的黄旭华告别家人，来到偏僻的半岛上。在此后的 30 多年中，8 个兄弟姐妹都不知道黄旭华搞核潜艇，父亲临终时也不知他是干什么的，母亲从 63 岁盼到 93 岁才见到儿子一面。为了艇上千万台设备，上百公里长的电缆、管道，他要联络全国 24 个省市的 2 000 多家科研单位，工程复杂。那时没有计算机，他和同事用算盘和计算尺演算出成千上万个数据。1964 年，黄旭华终于带领团队研制出我国第一艘核潜艇。使中国成为世界上第五个拥有核潜艇的国家。1988 年，核潜艇按设计极限在南海作深潜试验。黄旭华亲自下潜 300 米，是世界上核潜

黄旭华

艇总设计师亲自下水做深潜试验的第一人。黄旭华为我国核潜艇事业的发展作出了重要贡献，被誉为“中国核潜艇之父”。

重要论述

我们当前以及今后相当长一个历史时期的主要任务是什么？一句话，就是搞现代化建设。能否实现四个现代化，决定着我们国家的命运、民族的命运。……现在，每一个党员、团员，每一个爱国的公民，都必须在党和政府的统一领导下，克服一切困难，千方百计地为实现四个现代化贡献出一切力量。

——邓小平

面向未来，全面建成小康社会要靠实干，基本实现现代化要靠实干，实现中华民族伟大复兴要靠实干。

——2012 年 12 月，习近平在广东考察工作时的讲话

“大鹏之动，非一羽之轻也；骐骥之速，非一足之力也。”实现中华民族伟大复兴，是一项光荣而艰巨的事业，需要每一个人付出锲而不舍、驰而不息的艰苦努力，用实干托起中国梦。邓小平强调，世界上的事情都是干出来的，不干，半点马克思主义都没有。如果只是纸上谈兵而不真抓实干，再宏伟的蓝图都会落空，再美好的梦想也不可能成真。我们每一个人既是梦想家又是实干家，既要胸怀理想又要脚踏实地，把自己的事情做扎实，把改革发展稳定的任务落实好。我们已经取得辉煌成就，正在向着梦想一步步靠近。距离目标越近，越不能懈怠，越要加倍努力。只要一代又一代中国人同心同德、不懈追求、接力奋斗，我们就一定能够到达中华民族伟大复兴的光辉彼岸。

推荐阅读材料

中共中央宣传部编. 习近平总书记系列重要讲话读本. 北京：学习出版社，人民出版社，2014

第四章

讲好爱国故事，搞好爱国活动

响应时代的召唤和人民的呼声，我们把当前爱国主义教育的主要内容界定为：坚定人们对中国特色社会主义的道路自信、理论自信和制度自信，坚定全社会全面深化改革的意志和决心，增强群众对中国传统文化和中国特色社会主义文化的认同感与归属感，提高群众对捍卫国家核心利益的重要性、必要性和紧迫性的认识，引导人们身体力行，扎实工作，为实现中华民族伟大复兴的中国梦而奋斗。根据爱国主义的新内涵和时代特点，我们应该积极探索爱国主义教育的新途径、创新爱国主义教育理念，以增强爱国主义教育的时效性和有效性。针对如何培育和践行包括爱国在内的12个社会主义核心价值观，2014年6月出版的《习近平总书记系列重要讲话读本》（简称《读本》）指出："要通过教育引导、舆论宣传、文化熏陶、实践养成、制度保障等，使社会主义核心价值观内化为人们的精神追求，外化为人们的自觉行动。""培育和弘扬社会主义核心价值观，必须使之融入社会生活，让它的影响像空气一样无所不在、无时不有。"中共中央办公厅先前印发的《关于培育和践行社会主义核心价值观的意见》（简称《意见》）也提出了一系列符合时代要求的方法和途径，"使社会主义核心价值观融入人们生产生活和精神世界，激励全体人民为夺取中国特色社会主义新胜利而不懈奋斗"。

在我看来，《读本》和《意见》所提出的措施与方法可以大体归结为"宣传引导"和"实践养成"两个方面。当前，"传播"或"宣传"社会主义核心价值观的关键在于创新叙事方式，讲好故事；"实践养成"就是要把社会主义核心价值观与人们的日常生活紧密联系起来，开展涵养社会主义核心价值观的实践活动。

一、讲好故事

在传播主流价值观方面，《读本》提出新闻舆论要"提高正面宣传的质量和水平。要改进文风，创新方式，做好形势宣传、成就宣传、典型宣传、主题宣传，在真实可靠上动脑筋，在可亲可敬上做文章，在入脑入心上下功夫，增强吸引力感染力，让群众爱听爱看、产生共鸣”。在培育和践行社会主义核心价值观方面，《意见》要求“坚持联系实际，区分层次和对象，加强分类指导，找准与人们思想的共鸣点、与群众利益的交汇点，做到贴近性、对象化、接地气；坚持改进创新，善于运用群众喜闻乐见的方式，搭建群众便于参与的平台，开辟群众乐于参与的渠道，积极推进理念创新、手段创新和基层工作创新，增强工作的吸引力感染力”。“多联系群众身边事例，多运用大众化语言，在生动活泼的宣传报道中引导人们培育和践行社会主义核心价值观。”这无非是要求社会主义核心价值观的宣传教育者改进文风，转变叙事方式，让所讲的故事能够真正打动和感染群众，从而达到入脑入心和润物细无声的效果。

就爱国主义宣传教育来说，我们只有用生动形象的语言把中国梦的意义内涵说清楚，人们才会认同中国梦并通过自己的具体行动助推中国梦的实现；我们只有通过群众能够接受的话语把中国特色社会主义的发展历史、成就和特色讲明白，深入浅出地把中国特色社会主义的“大道理”讲清楚，人们才会真正信服，才会坚定中国特色社会主义的道路自信、理论自信和制度自信；我们只有用生动活泼的语言把中华优秀传统文化的历史渊源、发展脉络和基本走向讲清楚，把中国特色社会主义先进文化独特创造、价值理念和鲜明特色讲明白，才会增强人们的文化自信和价值自信；我们只有用群众喜闻乐见的形式把改革开放的成就、把今天深化改革的必要性讲清楚，人们才会拥护深化改革的战略决策，并自觉投身于改革开放的伟大实践中。另外，要让人们明白捍卫国家核心利益的重要性、必要性和紧迫性，也需要我们动之以情、晓之以理，在叙事方式上动脑筋。

延伸阅读

凝聚实现中国梦的强大正能量，就要切实提高中国梦宣传教育的质量和水平。坚持正面宣传为主，关键是要提高宣传质量和水平。应善于用切合时代特点的表达方式、用群众喜闻乐见的形式、用生动鲜活的语言开展中国梦宣传教育，把国家梦、民族梦、个人梦结合起来，讲有生命力的话，讲贴近实际、贴近生活、贴近群众的话，推动中国梦入脑入心、产生共鸣，不断提高中国梦宣传教育的吸引力和感染力。各地各部门要结合实际，精心组织好中国梦宣传教育，充分展示实现中国梦的生动实践、显著成效和光明前景。在中国梦宣传教育中，必须始终坚持群众路线，尊重群众首创精神，汲取群众智慧，发挥人民群众的主体作用，在全社会形成“中国梦、我的梦”的良好氛围，奏响实现中国梦的时代最强音。

我们之所以提倡改进文风、转变叙事方式，是因为我们当前主流价值观教育话语方式仍然存在许多亟待改善的地方，影响了我们的宣传教育工作的实效性。当年毛泽东在《反对党八股》中所列举的种种不良文风依旧在今天招摇过市，像幽灵一样徘徊在我们很多干部的讲话、文件以及理论宣传工作者的文章中。语言缺乏色彩、词汇单调枯燥、句式呆板生硬，言之无物，了无新意，味同嚼蜡，死气沉沉。这种华而不实、空洞抽象的文风破坏了人们对主流价值观的兴趣，如果任其发展下去，就会直接误导党风、学风、政风和世风，不仅不会增强反而会削弱人们的价值观自信和认同。因此，我们有必要从关系到党的生死存亡和当代核心价值理念兴衰成败的高度出发，在全党和理论宣传工作者中开展一场文风改造运动。

改造文风要求社会主义核心价值观的传播从精英语汇走向大众语汇。只有选择那些大众容易理解的、朗朗上口的词语，党和国家的执政理念才能得以更好传播。我们要大力推进理论创新，不断赋予社会主义核心价值观鲜明的实践特色、民族特色、时代特色，推动主流价值观的大众化。所谓“大众化”，简单说来就是通俗化。而所谓“通俗化”，指的是用浅显易懂的语言和鲜活生动的事例向普通群众讲解深奥的理论。正像于光远曾经在一篇题为《通俗》的“超短文”中说的那样：“通俗者，沟通世俗世界，用现代语言来说，即沟通群众之谓也。离开群众将一事无成。与群众沟通，要写群众能够看得懂的文章，讲群众能够听得懂的道理。”① 中国的《淮南子·诠言训》中也说：“非易不可以治大，非简不可以合众。大乐必易，大礼必简。”只有用简易的形式和语言才能够把抽象的价值观念展示明白，从而使之内化于心、外化于行。

实际上，我们党的历代领导人已经在执政理念大众化方面积累了许多成功的经验，为我们树立了很好的榜样。毛泽东一贯重视马克思主义大众化和民族化问题。他认为，经典马克思主义只有同各国的具体特点相结合并通过一定的民族形式才能实现，从而体现出它的伟大力量。他强调指出：“成为伟大中华民族的一部分而和这个民族血肉相联的共产党员，离开中国特点来谈马克思主义，只是抽象的空洞的马克思主义。因此，使马克思主义在中国具体化，使之在其每一表现中带着必须有的中国的特性，即是说，按照中国的特点去应用它，成为全党亟待了解并亟须解决的问题。洋八股必须废止，空洞抽象的调头必须少唱，教条主义必须休息，而代之以新鲜活泼的、为中国老百姓所喜闻乐见的中国作风和中国气派。”② 毛泽东还身体力行，常常借用中国古代文化典籍、民间成语故事以及神话、寓言、谚语、俗语等来说明一些深刻的道理，从而使自己的思想具有鲜明的民族特色。对于他的“三大法宝”、“糖衣炮弹”、“纸老虎”、“三座大山”等比喻用语，我们已经是耳熟能详。他曾用“生小孩”的比喻，形象生动地说明“调查就是解决问题”的道理。

---

① 转引自李今山主编：《常青的〈大众哲学〉》，27 页，北京，红旗出版社，2002。

② 《毛泽东选集》，2 版，第 2 卷，534 页。

他说："调查就像'十月怀胎'，解决问题就像'一朝分娩'。调查就是解决问题。"毛泽东在讲述哲学问题的过程中，也尽量采用生动活泼的事例和浅显易懂的语言，让人感觉不到哲学的深奥和艰涩。他所提出的一分为二、实事求是和波浪式前进等哲学命题已成为尽人皆知的日常用语。这样用群众熟悉的事例和通俗易懂的语言说明大道理的例子，在毛泽东的言谈著述中可以说处处可见。

邓小平在马克思主义通俗化方面也给我们树立了很好的榜样。1992 年，邓小平在南方谈话时说："学马列要精，要管用的。长篇的东西是少数搞专业的人读的，群众怎么读？要求都读大本子，那是形式主义的，办不到。我的入门老师是《共产党宣言》和《共产主义 ABC》。""我们讲了一辈子马克思主义，其实马克思主义并不玄奥。马克思主义是很朴实的东西，很朴实的道理。"邓小平总是用朴实的语言去表达这些朴实的道理。我们很难在《邓小平文选》中找到冗长拗口的语句，看到的都是一句句平实而有力的短话。这些话虽然简短朴实，却能抓住事物的根本，因而具有非凡的智慧和力量，让人回味无穷。

江泽民同志在党的作风建设上明确提出了"八个坚持、八个反对"的重要思想，一再强调要纠正不良文风。他指出，有些文章翻来覆去老是那么几句套话，也有的哗众取宠、乱造概念、词句离奇，使人看不懂，这种不良文风应加以纠正。江泽民同志也有许多短小精练、言简意赅、思想深刻的文章和讲话。胡锦涛同志同样重视文风建设，多次强调各级领导干部要发扬求真务实精神、大兴求真务实之风，下决心从文山会海中摆脱出来，把心思用在干事业上，把精力投到抓落实中。他在党的十七大报告中明确指出，要改进学风和文风，精简会议和文件，反对形式主义、官僚主义，反对弄虚作假。2008 年 12 月 18 日，在纪念党的十一届三中全会召开 30 周年大会上，胡锦涛同志的"不折腾"三个字刚落音，人民大会堂观众席随即传来会心的笑声。胡锦涛同志用"不折腾"这个最朴实的百姓词语，深刻反映了我党治国理政的历史感悟和成功实践的宝贵经验，道出了人民的心声，引起了人们的广泛共鸣，成为当时街谈巷议的热门话题。

2005年出版的李瑞环同志的《学哲学　用哲学》一书是一部优秀的当代马克思主义哲学通俗读物。本书没有采用深奥的语句和宏阔的事例，而是用百姓喜闻乐见、听得懂、愿意记的语言，运用生动形象的寓言和比喻、日常生活的事例，或令人信服地论证了哲学原理，或入木三分地分析了实际问题，让读者在轻松愉悦的心境中感受到理论的力量。比如，用“茶壶的故事”揭示了香港回归后必须保持特色的道理，用“紫荆花的故事”阐述了香港人要团结的大道理，用“秀才老婆生孩子的故事”批评了没有材料、硬憋文章的现象。《学哲学　用哲学》推出后，持续畅销，好评如潮，受到了社会各界各层次读者的普遍欢迎。

在改进文风方面，党和政府最近有了明确的政策导向和充分的行动倡议。2010年5月12日，在中共中央党校2010年春季学期第二批入学学员开学典礼上，习近平总书记就提出要努力克服长、空、假的不良文风，积极倡导短、实、新的优良文风。党的十八大以来，习近平同志更是身体力行，带头改进文风。他近来发表的一系列讲话朴实无华、平易近人，给人留下深刻印象。他的讲话通俗易懂、形象生动而又意味深长，富有吸引力、感染力和感召力，让大家想听、爱听、愿听。比如，习近平同志用“中国梦”这一普通群众很容易理解和接受的表达来概括新一届中央领导集体的执政理念。他在论述理想信念时说：理想信念就是共产党人精神上的“钙”，没有理想信念，理想信念不坚定，精神上就会“缺钙”，就会得“软骨病”。在论述尊重各国人民自主选择发展道路的权利时说：“鞋子合不合脚，自己穿着才知道。”在论述抓落实时说：“抓落实就好比在墙上敲钉子：钉不到点上，钉子要打歪：钉到了点上，只钉一两下，钉子会掉下来；钉个三四下，过不久钉子仍然会松动；只有连钉七八下，这颗钉子才能牢固。”他的许多话已经成了时下的热词和时髦语。一听到“‘老虎’‘苍蝇’一起打”，我们大家都知道指的是什么，是怎么回事。

在党中央的大力倡导下，我们在文风建设方面取得了一些令人欣喜的成绩。胡锦涛同志当年一句“不动摇、不懈怠、不折腾”引发了中国政坛的“白话新风”。温家宝总理在政府工作报告起草会议上向起草成员提出，报告要让普通群众能够“听得懂，愿意听，记得住，能管用”。正因为有了这个要求，他在 2009 年“两会”上所作的政府工作报告朴实无华、平易近人，受到海内外舆论的广泛好评。“让人民群众知道政府在想什么、做什么”，“我们所做的一切都是要让人民生活得更加幸福、更有尊严”，“我们的每一分钱都来自人民，必须对人民负责”，类似这样一些浅显易懂、感性直白的语句在报告中随处可见，这些话也因此赢得全场阵阵热烈的掌声。另外，中共中央宣传部理论局近几年编写的《理论热点面对面》等一系列通俗理论读物，针对人们关心的一些热点难点问题，以通俗易懂的语言和图文并茂的形式为人们释疑解惑，加深了公众对党的执政理念的领会和认同，增强了对中国特色社会主义的信心，深受广大干部群众的喜爱。《习近平总书记系列重要讲话读本》保持了习近平同志清新质朴、深入浅出的语言风格，让大家想读、爱读、愿读，引起了人们的强烈反响和共鸣。目前，全党全国已经掀起了一股学习《读本》的热潮。

但是，我们也要认识到，文风同党风和世风是紧密相连的，改善文风是一项长期任务，不可能一蹴而就。当前在一些党政机关文件、一些领导干部讲话、一些理论文章中，文风上存在的问题仍然很突出，距离人民群众的期盼和要求还差很远。因此，纠正不良文风、积极倡导优良文风仍然是当前领导干部和理论宣传工作者的一项重要任务。

改进文风首先要端正思想态度和工作作风，要坚持实事求是的思想路线，要坚持从群众中来、到群众中去的群众路线，坚持理论联系实际的优良学风。文风不是小事。毛泽东指出："学风和文风也都是党的作风，都是党风。"党风决定着文风，文风体现出党风。我们只有贴近当前改革开放实际、贴近火热的现实生活、贴近广大人民群众，才能讲出符合实际和管用的实话，才能讲出有感而发和明白通俗的真话。正如李瑞环同志所说的那样："如果把学习与自己熟悉的工作结合起来，拿实践的经验同理论相印证，就容易懂；把基本的观点与具体的形象的东西相联系，印象会比较深刻，就容易记；把书本的东西融入丰富生动的现实生活，干什么就从什么里头学、就在什么里头用，就容易活。"① 我们还要向群众学习语言，和人民群众交谈交心，把群众的创造吸收到文件、讲话和文章中来，使我们的思想和文字体现时代要求、体现群众的诉求。习近平同志强调指出："改进文风，必须从思想和感情深处把人民群众当主人、当先生。群众的思想最鲜活、语言最生动。深入群众，你就来到了智慧的大课堂、语言的大课堂，我们的文件、讲话、文章就可以有的放矢，体现群众意愿，让群众愿意看、看得懂，愿意听、听得进。"②

习近平同志曾指出，语言的背后是感情、是思想、是知识、是素质。不会说话是表象，本质还是严重疏离群众，或是目中无人，对群众缺乏感情。感情是一个非常本质的东西，不带着感情去做接地气的动作，就是"作秀"。能够打动人的语言一定是情真意切、饱含温热和情感的。正如毛泽东在《在延安文艺座谈会上的讲话》中指出的："许多同志爱说'大众化'，但是什么叫做大众化呢？就是我们的文艺工作者的思想感情和工农兵大众的思想感情打成一片。"③ 毛泽东笔下的愚公、白求恩、张思德，我们今天记忆犹新，就是因为这些人在他的心灵深处产生过激烈震荡，所以讲出的话饱含深情、

① 李瑞环：《学哲学 用哲学》，13页，北京，中国人民大学出版社，2005。

② 习近平：《努力克服不良文风 积极倡导优良文风》，载《求是》，2010（10）。

③ 《毛泽东选集》，2版，第3卷，851页，北京，人民出版社，1991。

富于哲理，能深深植入人民心里，引起共鸣。今天，我们不仅要和人民群众的思想感情打成一片，还要保持对中国特色社会主义和中华文化的信心与情感。习近平同志说：“站立在九百六十万平方公里的广袤土地上，吸吮着中华民族漫长奋斗积累的文化养分，拥有十三亿中国人民聚合的磅礴之力，我们走自己的路，具有无比广阔的舞台，具有无比深厚的历史底蕴，具有无比强大的前进定力。”从这句话里我们能够感受到他对祖国山河和亿万人民的热爱与深情，对中华文化和中国特色社会主义的自信与定力。只有心怀祖国和人民，坚定信念和理想，怀揣梦想和追求，才能讲出有底气有骨气有正气的话语，才能说出入脑入心入神的语言。

改进文风还要正确认识“大众化”和“专业化”的问题。目前，我国在主流价值观大众化方面成效还不明显，《理论热点面对面》和《读本》之类的通俗理论作品仍然偏少。这在很大程度上是由于具有专业意识的理论工作者对理论的大众化或通俗化存在某些误解。在很多人看来，大众化就是庸俗化，是那些学问浅薄之人所做之事。因此，他们宁愿花大量时间和精力去进行所谓“专业”研究，而不屑于从事理论的大众化工作。这是我们很多专家学者的一种偏见或“心结”。实际上，把深奥的理论通俗化需要大智慧和大生活。通俗化是理论宣传的优点而不是缺点。俗话说“真佛只讲家常话”。我们大家耳熟能详的俗语和谚语也都很通俗，但它们是千百年来人类经验和智慧的结晶。再深奥的道理，如果不能用短短的几句话讲清楚，就说明你不懂这个道理，没有把它吃透。由长到短，由繁到简，是一种艺术，需要非凡的技巧和智慧。深入浅出是大学问，深入深出是没学问，浅入深出是假学问。只有那些既有深厚理论功底又有深刻生活体验的人才能真正做到“深入浅出”。而且，写通俗文章比写专业论文更难。专门学术的文章，不十分着重写作技术，只要有材料、有内容，即使用了艰涩的文字和抽象的概念，也不是十分要紧的。通俗的文章却要求我们写得具体、轻松，要和现实生活打成一片，还必须有充分的生活经验的储备。除了要求注重写作技巧，写通俗文章还要避免对理论的歪曲。因此，理论的通俗化并不是一件容易的事情，它需要大智慧、大生活和大技巧。理论工作者应该以能够写出通俗化精品为荣。

总之，只要我们坚定中国特色社会主义信念，站在党和人民的立场上，放下架子，贴近实际、贴近生活、贴近群众，就一定能够营造出清新活泼、通俗易懂的文风，就一定能够使包括爱国主义在内的核心价值观的教育宣传工作可亲可信、深入人心。

二、搞好活动

要使价值观真正融入人们的精神世界，单靠宣传引导是远远不够的，还需要通过公共实践活动来加以涵育。正如美国哲学家迈克尔·桑德尔所说："公民德性不是从书本上可以得到的东西，而是需要通过亲身参与社会实践来得到。"心理学研究也表明，人们稳定的心理品质的形成只能通过各种实践活动来形成。只有在体现某种价值观的仪式性活动中，通过深切体验和情感激发，人们才能形成对这种价值观的自觉认同。因此，《读本》和《意见》特别强调"实践养成"对于培育和践行社会主义核心价值观的重要作用。针对青少年的价值观教育，《意见》提出要"完善实践教育教学体系，开发实践课程和活动课程，加强实践育人基地建设，打造大学生校外实践教育基地、高职实训基地、青少年社会实践活动基地，组织青少年参加力所能及的生产劳动和爱心公益活动、益德益智的科研发明和创新创造活动、形式多样的志愿服务和勤工俭学活动"。针对普通大众的价值观教育，《读本》指出："要把社会主义核心价值观与人们日常生活紧密联系起来，在落细、落小、落实上下功夫。按照社会主义核心价值观的基本要求，健全各行各业规章制度、行为准则，使社会主义核心价值观成为人们日常工作生活的基本遵循。建立和规范礼仪制度，组织开展形式多样的纪念庆典活动，传播主流价值，增强人们的认同感和归属感。把社会主义核心价值观的要求融入各种精神文明创建活动之中，利用各种时机和场合，形成有利于培育和弘扬社会主义核心价值观的生活情景和社会氛围。”《意见》进一步提出要广泛开展道德实践活动，深化学雷锋志愿服务活动，深化群众性精神文明创建活动，开展优秀传统文化教育普及活动，发挥重要节庆日传播社会主流价值的独特优势。宽泛地讲，所有这些活动都能不同程度地激发人们的爱国情感和意识。具体说来，其中所包含的以下两项措施能够直接有效地增强人们的祖国归属感和认同感：

第一，充分利用各类爱国主义教育示范基地，对公民进行爱党爱国的情感和思想教育。为推动群众性爱国主义教育活动的开展，中宣部于 1997 年、2001 年、2005 年和 2009 年先后四次共公布了 356 个全国爱国主义教育示范基地，主要包括反映重大历史事件的遗址遗迹、纪念馆、烈士陵园，革命领袖、爱国人士的故居、旧址，反映重要历史文化内容的博物馆、纪念馆，以及反映新中国成立以来建设成就的展览馆等。这些基地有丰富多彩的教育内容，不仅反映了中国历史上各个历史时期的重大事件和重要人物，也反映了博大精深的中华历史文化。展示的内容与形式集专业性、学术性、知识性、趣味性和观赏性于一体，具有较强的吸引力和感染力。教育基地有详细生动的讲解材料，有素质较高的讲解员队伍，有形式多样的教育活动，有较为完备的教育设施，而且大部分都是免费开放的。基地还充分利用节假日和重大革命历史事件、革命历史人物纪念日，举行各种庆祝纪念仪式，组织丰富多彩、特色鲜明的主题教育活动，寓教育于活动之中，使人们在参与中受到启迪、得到提高。比如，每逢建党、建军、建国等重大节庆日，侵华日军南京大屠杀遇难同胞纪念馆、辽沈战役纪念馆、中国人民抗日战争纪念馆等很多示范基地都会组织干部群众特别是青少年到示范基地开展纪念、瞻仰等活动。虽然还存在这样那样的问题，但是示范基地取得了很好的教育效果，成为党员干部了解党的历史、加强党性锻炼的重要场所，广大群众培养爱国情感、培育民族精神的重要阵地，青少年学习革命传统、陶冶道德情操的重要课堂。它们对于激发爱国热情、凝聚人民力量、振奋民族精神具有特殊的意义，在爱国主义教育中发挥了不可替代的重要作用。

第二，建立和规范礼节礼仪制度，组织开展形式多样的纪念庆典活动，增强人们的认同感和归属感。

规范升国旗、唱国歌仪式，使之成为爱国主义教育的制度性活动。国旗和国歌不仅仅是一面旗和一首歌，它们是国家的象征，代表着民族的尊严。每当国旗升起、国歌响起时，每个人都会肃然起敬。规范化的升旗礼仪是深厚爱国情感的外在表现，同时也能够进一步激发人们对国家的责任感。世界上的国家不论大小，在有关国旗和国歌的问题上都有严格的规定甚至法律约束。在埃及，对国旗不敬、奏国歌时不起立属犯罪行为；在国旗上乱涂乱画或把国旗用作商业标识都是被禁止的行为；破损、老旧或褪色的国旗被禁止用于升起、展示或传播；侮辱国旗的行为将被判处至多一年监禁或罚款3万埃镑。1990年6月，我国制定了《中华人民共和国国旗法》，对国旗规格也有明确的法律规定。比如，国旗“应当早晨升起，傍晚降下”。但在现实中，有些国家机关和企事业单位怕麻烦、图省事，只见国旗“早晨升起”，不见“傍晚降下”，甚至一升起就任凭国旗经受风吹日晒雨淋，即使褪色、破损也不更换。尤其是那些在建筑物高处升挂国旗的单位，“只升不降”更是普遍。类似行为不仅有损国旗的权威，更严重违反了国旗法的相关规定，必须坚决制止和纠正。国旗是无比庄严和神圣的，践行社会主义核心价值观，弘扬爱国主义情怀，不妨从严格落实每一次升降国旗做起。

充分利用节庆日活动，对公民进行爱党爱国教育，增强人们的文化自信和政治自信。在中华民族五千年的历史文化发展进程中，既形成了不少具有深厚传统文化内涵的民族节日，比如春节、清明节、端午节、中秋节等，也形成了一些反映近现代重大历史事件的政治性节日，比如五四青年节、七一建党节、八一建军节、十一国庆节等。这些节日与三八妇女节、五一劳动节、六一儿童节等国际性节日一起构成了我们中国人日常生活的重要部分，是人们共同体验历史与现实、共享情感与价值观的集体活动。我们可以借此开展民族文化和革命传统教育，弘扬民族精神和时代精神，增强人们的文化归属感和政治认同感。

开展烈士纪念日纪念活动，培养公民的爱国主义情感。伟大的民族不会忘记自己的英雄。据不完全统计，近代以来我国约有 2 000 万名烈士为民族独立、人民解放和国家富强、人民幸福英勇捐躯。为了以国家名义缅怀他们的丰功伟绩，传承他们热爱祖国、忠于人民、无私奉献、敢于牺牲的高尚精神，2014 年 2 月 27 日，十二届全国人大常委会七次会议决定，将 9 月 3 日确定为中国人民抗日战争胜利纪念日，将 12 月 13 日确定为南京大屠杀死难者国家公祭日。2014 年 8 月 31 日，十二届全国人大常委会十次会议通过决定，将 9 月 30 日设立为烈士纪念日。国家还出台了一系列烈士纪念相关规章，明确纪念活动的形式。例如，2014 年 3 月 31 日，民政部发布《烈士公祭办法》，明确烈士公祭九项程序：主持人向烈士纪念碑（塔等）行鞠躬礼，宣布烈士公祭仪式开始；礼兵就位；奏唱《中华人民共和国国歌》；宣读祭文；少先队员献唱《我们是共产主义接班人》；向烈士敬献花篮或者花圈，奏《献花曲》；整理缎带或者挽联；向烈士行三鞠躬礼；参加烈士公祭仪式人员瞻仰烈士纪念碑（塔等）。为做好烈士纪念日纪念活动，2014 年国庆节前，中共中央办公厅、国务院办公厅、中央军委办公厅还下发了《关于做好烈士纪念日纪念活动的通知》，明确指出了四项烈士纪念日活动形式：一要举行公祭烈士活动，二要向烈士墓敬献鲜花，三要开展网上纪念烈士活动，四要关怀慰问烈士遗属。

牢记历史才能开辟未来。在中华民族的集体记忆中，既有抗战胜利的扬眉吐气，也有国难屈辱的血泪凝重。中华民族从苦难走向辉煌的伟大历程，就是一部充满奉献和牺牲的英雄史诗。在全面深化改革、全面建成小康社会、实现中华民族伟大复兴中国梦的进程中，深入开展烈士纪念日纪念活动，对于培养公民的爱国主义、集体主义精神和社会主义道德风尚，培育和践行社会主义核心价值观，具有重要现实意义和深远历史意义。我们每个人都应高度重视每一次纪念活动，严格遵循规定的祭奠程序，在庄严、肃穆、隆重的气氛中缅怀英烈功绩，体会烈士精神，感受民族气节，涵养爱国情感，凝聚复兴力量。

推荐阅读材料

中共中央宣传部编．习近平总书记系列重要讲话读本．北京：学习出版社，人民出版社，2014

中共中央办公厅．关于培育和践行社会主义核心价值观的意见．北京：人民出版社，2013

习近平．努力克服不良文风　积极倡导优良文风．求是，2010（10）

韩震．思想解放与话语方式转变．中国高校社会科学，2013（1）。

后　记

“爱国”是一个历史性范畴，不同的时代有不同的内涵和理解。本书是根据当前的时代精神对“爱国”所作的一种个性化解读。在本书的写作过程中，作者参考了一些学者的研究成果，也参考了主流媒体的相关报道和评论，在此谨表谢忱。凌秀梅帮助作者做了许多具体工作。

书中定有错讹不当之处，敬请读者批评指正。

董立河

2014 年 10 月

图书在版编目（CIP）数据

社会主义核心价值观·关键词. 爱国/韩震总主编；董立河编著. —北京：中国人民大学出版社，2015.4
ISBN 978-7-300-21048-3

Ⅰ.①社… Ⅱ.①韩…②董… Ⅲ.①社会主义建设-价值论-中国 Ⅳ.①D616

中国版本图书馆 CIP 数据核字（2015）第 067706 号

社会主义核心价值观·关键词
总主编 韩 震
爱 国
董立河 编著
Aiguo

出版发行	中国人民大学出版社		
社　址	北京中关村大街 31 号	**邮政编码**	100080
电　话	010－62511242（总编室）		010－62511770（质管部）
	010－82501766（邮购部）		010－62514148（门市部）
	010－62515195（发行公司）		010－62515275（盗版举报）
网　址	http://www.crup.com.cn		
经　销	新华书店		
印　刷	天津中印联印务有限公司		
规　格	160 mm×235 mm　16 开本	**版　次**	2015 年 5 月第 1 版
印　张	7.75 插页1	**印　次**	2024 年 1 月第 7 次印刷
字　数	89 000	**定　价**	28.00 元

版权所有　侵权必究　　印装差错　负责调换